Victoria Guillomon *s'engage pour prôner l'écologie intérieure. Elle anime chaque semaine* Nouvel Œil, *un podcast aux milliers d'écoutes mensuelles et porte sa voix partout en France en conférence. Aventurière dans l'âme, elle réalise en 2024 son premier documentaire* Shimla : de la France à l'Inde, sans avion. Tu penses quoi de la vie, mamie ? *est son deuxième livre.*

Tu penses quoi de la vie, mamie ?

MON POCHE
45, rue du Clos-Four – 63056 Clermont-Ferrand cedex 2

Victoria Guillomon

Tu penses quoi de la vie, mamie ?

Ces choses qui forment un destin

Mon Poche

« Elle écrit chez sa mamie,
dans les fleurs, à la campagne. »

Ce livre est pour toi, mamie.

Ce livre ne parle pas d'écologie. Il ne parle pas de développement personnel. Ni d'hypersensibilité. Ni d'hyperactivité. Ni d'amour. Ni de séparation. Ni de l'odeur des lessives. Ni de course à pied. Ni de destin. Ni de l'âge adulte. Ce livre est un peu de tout ça. Un mélange de ces choses, qui composent nos existences.

Ce livre parle de la vie.

Avec les mots d'une jeune femme qui tente d'avancer.

Joyeusement souvent, avec frugalité toujours et radicalité parfois.

Non loin de l'océan, des étoiles et des crêtes rocheuses.

Dans un monde qui bouscule, chahute, nous révèle, change, se craquelle, nous échappe. Et nous émerveille.

Préface

VICTORIA EST ENTRÉE dans ma vie comme un courant d'air. Elle a ouvert la porte sans prévenir, m'a ébouriffé les cheveux et est repartie, aussi chantante que le vent.

Je m'appelle Anouk Corolleur, j'ai 31 ans à l'écriture de ces mots. Il y a dix ans de cela, j'ai changé la trajectoire d'une vie qui ne me rendait pas heureuse, pour suivre mes rêves d'aventure, de voyages et de surf. À travers cette épopée qui s'est avérée magique, j'ai appris à me connaître et à libérer une lumière intérieure qui m'a transformée.

Peut-être que, vous aussi, vous avez fait l'expérience de moments d'éveil qui vous ont profondément changés. Je tends à penser que nous en avons tous au moins un dans notre vie, si ce n'est plusieurs. Ces moments nous permettent de faire le tri entre ce qui est important et ce qui ne l'est pas et nous rappellent, parfois brusquement, la valeur de nos courtes et précieuses existences.

Si beaucoup me regardent aujourd'hui comme une source d'inspiration (et j'en suis vraiment honorée), j'ai quelquefois l'impression de ne pas mériter mon titre de grande navigatrice de la vie. Au cours des deux dernières années, j'ai souvent laissé la peur et le doute prendre le contrôle de mon navire. Parfois même de manière consciente, par pur désespoir ou par lâcheté, tel un pirate déchu se retirant dans sa cabine et laissant la mutinerie opérer.

Sans toutefois lui attribuer un rôle de sauveuse, je sais que Victoria a grandement contribué (et contribue toujours) à ma volonté de me remettre derrière le gouvernail. Ses mots me bousculent, me remotivent et son énergie solaire me donne tout simplement envie de vivre.

Je n'ai jamais osé lui dire, mais il m'arrive de penser qu'elle est bien plus sage que moi (je ris de cet aveu). Au-delà d'une comparaison que je m'infligerais, je sens que, sous mon masque de « femme plus âgée », donc « forcément » plus « respectable », je suis impressionnée par cet être.

D'ailleurs, le fait de l'écrire me fait du bien… Mon ego dégonfle un peu et une part de moi s'incline face à elle avec respect et humilité, comme cette révérence que l'on fait devant les grands enseignants de la vie.

Lorsque j'ai écouté pour la première fois son podcast (puisqu'elle m'avait contactée pour une interview, il fallait tout de même que je sache de quoi il s'agissait), j'ai senti dès l'introduction qu'il y avait quelque chose de puissant et, surtout, de sincère dans ses mots. La sincérité… cette qualité humaine rare, puisque nous arrivons si bien à nous voiler la face, à nous autopersuader de tant de choses et à les faire croire à nos voisins.

Deux choses m'ont également bluffée lors de nos premiers échanges : son engagement et sa détermination. Son côté « battante ». Un aspect que j'aime tant, et qui, à mesure que j'ai appris à la connaître, s'est confirmé. Aujourd'hui, face à la première difficulté ou lassitude, nous abandonnons. Il en va ainsi de nos projets professionnels, de nos relations. Et si pendant longtemps j'ai associé l'engagement à la maturité (d'âge surtout), je vois à présent cela plus comme une capacité de mise en action que Victoria sait cultiver. Une danse entre la résilience et la ténacité.

Je ne saurais pas vous dire pourquoi ou comment cela est arrivé, mais je me suis prise d'un réel amour pour cette fille. Oui, de l'amour. Un amour à la fois maternel et de grande sœur. Un amour qui anime une partie profonde de mon être et qui me pousse à vous dire les choses merveilleuses que je vois en elle.

Car, au-delà du fait qu'elle ne prend pas l'avion, qu'elle ne mange pas de viande, qu'elle n'achète pas de vêtements neufs, qu'elle médite, qu'elle est très douée en organisation, au-delà de toutes les actions qu'elle met en place chaque jour pour un monde meilleur… Victoria fait du bien aux cœurs.

Elle fait du bien au cœur de Gérard, le boulanger, avec qui elle partage son enthousiasme pour la pâtisserie. Elle fait du bien au cœur du chasseur, que nous croisons en randonnée et avec qui elle échange quelques mots. Elle fait du bien au cœur de chacun et sans retenue, elle sème ses sourires et sa lumière comme des graines, aussi spontanément que le vent du printemps.

J'ai de l'amour pour cette fille que je vois grandir, passer de jeune femme à grande femme… Que je vois, en l'espace d'une année, enregistrer des podcasts à travers la France, ou en seulement deux semaines, tomber amoureuse à Biarritz.

Depuis que je connais Victoria, je souris plus. Je souris aux personnes que je croise dans la rue et je me sens plus généreuse avec l'amour que je donne, à travers mes mots et à travers mes gestes. Je sais que cette énergie a le pouvoir de changer une journée, et même une vie… Car elle a très certainement changé la mienne.

Alors, ma chère Victoria, je ne sais pas où les vents te mèneront, mais je suis si reconnaissante que ton bateau ait croisé le mien. Je suis si heureuse que nous puissions échanger, rire, nous soutenir et être nous-mêmes.

Je remercie la vie aussi de l'amour que je te porte, de sentir cela, de me sentir vulnérable…

J'espère que l'océan de la vie sera doux avec toi et que tu garderas ta joie de vivre le plus longtemps possible.

Je t'ai vue écrire ce deuxième livre avec tant de joie et d'enthousiasme, pianotant des heures durant dans les cafés de Biarritz. Lors de ces moments anodins et pourtant si sacrés, tu fais danser les mots et tu nous proposes un voyage d'émotions et de réflexions. Écrire devient alors un rituel indispensable à ton bien-être : « J'ai écrit trois heures à Etxola Bibi ce matin et je me sens comme… lavée émotionnellement ! » Ce livre, en effet, tu lui donnes tout. Tu ne te caches plus derrière tes invités et tu oses mettre à la lumière du monde des parts de toi qu'il aurait été plus facile de ne pas dévoiler. « Si je pense ça au fond de moi, je me dis que je ne dois pas être seule ! », m'as-tu un jour confié. Tes questionnements m'ouvrent sur les miens, ta sensibilité me réconcilie avec la mienne. Imprégné des embruns biarrots et d'un voyage coloré au Maroc, ce livre signe ton entrée dans la cour de celles et ceux qui marquent le monde. Et à vous, qui lisez ces mots, j'espère que vous avez dans votre vie un être comme Victoria, qui ajoute de la lumière et de l'espoir à l'obscurité de votre traversée sur terre.

Je vous souhaite d'être assez courageux pour vous laisser toucher par cela, pour prendre ce risque fou d'aimer, et de chaque jour partager cet amour à d'autres, comme des passeurs de lumière, comme des passeurs d'espoir…

Comme des courants d'air qui entrent sans prévenir par les portes entrouvertes de nos mondes intérieurs et réchauffent nos cœurs à jamais.

Anouk Corolleur

Biarritz.

Une page blanche. Qui attend d'être noircie.

J'ai toujours été mue par une grande fascination pour ces gens qui écrivent des choses maladroites sur des lignes droites. Et qui arrivent ainsi à redresser les lettres jusqu'à percer des cœurs.

J'ai toujours été curieuse de ceux qui craignent les deuxièmes fois. Deuxième concert, deuxième film, deuxième amour, deuxième vague… deuxième livre. Je me disais que, dès lors qu'une première était passée, le reste suivrait, se déroulerait, s'enchaînerait. Comme on suit un destin qui s'écoule. Comme on se laisse emporter par le courant d'une baïne.

Aujourd'hui, je comprends le vertige des deuxièmes fois. J'ai toujours cet immense syndrome de l'imposteur et, avec lui, j'ai questionné la nécessité de partager des mots aussi personnels dans ce livre. Avant de comprendre que la transmission suffisait à changer des vies.

Alors, toujours dans ce besoin d'éplucher les formes et de m'épousseter des conventions, j'ai voulu tout dire. Tout vider. Me mettre à nu. Pour faire barrière à la pudeur, à ce que l'on cache par tabou, par peur et par conformisme.

Peut-être que, ainsi, j'arriverai à redresser quelques lettres de mots maladroits, sur des lignes droites.

Au placard, la peur et le conformisme.

Dans le creux de ma main, la vie à vif.

Chapitre 0

Remonter l'horloge qui tourne

Il y a ce que les gens croient que l'on vit,
et ce que l'on vit vraiment.

Un destin qui s'impose

Il y a certainement des destins qui s'imposent.

Le mien s'est imposé, mamie. Très vicieusement. Au début, il n'osait pas faire trop de bruit, pour ne rien froisser de ma vie. Il se cachait derrière les portes et me chuchotait à l'oreille, de temps en temps : « Coucou, c'est encore moi. » Je le faisais taire parce que son caractère irrationnel m'agaçait. Je ne comprenais pas ses élans farfelus. Comme ce matin-là, où il m'a dit : « Eh oh, Victoria, va en Inde. » Le truc, avec le destin, c'est qu'il suffit de s'abandonner à lui une fois, une seule, pour que tout chavire.

Je n'ai jamais eu d'explication à cette petite voix qui m'a dit ce jour-là d'aller rencontrer les épices jaunes dans les bras des enfants. Ces enfants qui tiennent au creux de leurs mains toute la richesse du monde. Même si on dit qu'ils sont pauvres.

On a voulu m'empêcher d'y aller parce que c'est « dangereux », « 18 ans, c'est trop jeune », « et puis tu es une femme », « c'est trop pauvre, tu vas être sous le choc ». Rigole pas, mamie, tu as été la première à me dire tout ça. Ces phrases qui freinent, qui limitent. Tant de mots empêchent le destin de s'imposer, de prendre sa place et de tout envahir.

À trop vouloir me faire peur, vous avez presque réussi à le faire fuir, mon destin. En restant en France, bien au chaud dans mes draps. Presque. Mais j'ai compris assez tôt que la peur me ferait passer à côté de beaucoup de choses. Et que les draps tout propres, repassés, pliés, seraient un frein à ma liberté.

Alors, j'ai gribouillé tous ces mots qui font douter, j'ai froissé les draps et j'ai mis en sourdine les phrases limitantes. Pour les remplacer par d'autres qu'on ne s'autorise pas tant elles donnent le vertige.

Je suis partie.

En oubliant mon passeport, mais je suis partie.

*

C'était à la fin de ma première année d'études, et les fins d'année présagent toujours un stage. J'avais 18 ans. L'Inde m'appelait avec une force que je n'explique toujours pas. Nous étions une dizaine à sentir l'appel. Quelques semaines avant le départ, les conditions d'obtention d'un visa ont subitement changé. C'était une de ces choses impromptues qui forgent un destin. Nous ne pouvions plus être placés en entreprise, il fallait désormais intégrer une association. Aucun salaire à la clé, si ce n'est celui, impalpable, immensurable, de l'amour des personnes que l'on rencontre là-bas. Sur une dizaine d'étudiants, j'étais la seule à continuer de faire grandir mon envie de partir. Je suis partie. Seule. Deux mois d'immersion au cœur des bidonvilles de Jaipur.

Avant l'Inde, je voyais ma vie comme une pente quasi verticale. Celle de l'inévitable descente vers l'âge adulte. Je pensais que traverser l'existence consistait à répondre à une exigence : réussir un parcours, enchaîner avec brio les accomplissements. Une accumulation de rencontres, de choses à faire, à montrer, à voir, à avoir, de cases à cocher.

Après l'Inde, j'ai vu ma vie comme un champ semé de bosses ici et là, comme un jeu Mario, avec des sourires d'enfants sur le bord des routes pour me donner de la force. Les sourires sont du carburant.

Depuis l'Inde, des miracles arrivent, mamie. Je t'assure. Comme quand tu parviens à lire le ciel en décryptant ses couleurs. Tu vises toujours juste. Quelques nuages à l'horizon ou un ciel tout dégagé, quelques strates, du jaune ou du très orangé, un peu de rose, ça annonce une guerre, du beau temps demain, un renouveau ou une rupture. Je me souviens de ce soir-là, quand tu m'as dit : « Oh, le ciel n'est pas normal, je n'aime pas trop ce qu'il dégage. »

Tu venais de voir ce que je dévoile plus tard dans ce livre. Tu décris si bien le ciel, mamie. Tu le décris, et moi, je l'écris. On fait une belle équipe. C'est peut-être pour ça qu'on s'aime si fort.

L'Inde m'a aidée à décrire mon ciel. Depuis que j'ai levé la tête sur ces oiseaux à Jaipur, je n'ai plus regardé le monde avec les mêmes yeux.

Je ne suis alors jamais vraiment rentrée d'Inde. Elle s'est infusée en intraveineuse. Tout le monde me l'a dit d'ailleurs : « Ce n'est plus la Victoria d'avant l'Inde. » C'est cliché de dire qu'un voyage transforme, mais je me suis d'un seul coup sentie très grande. En rentrant, je n'étais plus la petite fille rangée. J'étais la jeune femme habitée par ce quelque chose de plus grand. Par cette pulsion intérieure qui dicte toutes mes décisions. Une force, qui me dépasse.

Je suis aussi devenue un peu rebelle, je crois. Même si je l'avais toujours été au fond de moi, maintenant, je l'exprime, je l'affirme. Tant pis si je clive, tant pis si je froisse, tant pis si c'est hors norme, tant pis pour tout, il est plus fort de vivre. Et de sauver cette vie de notre folie.

*

Le destin est un sacré malin, mamie. Quand tu commences à le suivre, il te tient dans ses filets. Au retour de mon voyage en Inde, il ne s'est plus caché derrière les portes. Il a pris toute la place et m'a présenté ses copains : l'aventure et la liberté. L'aventure et la liberté sont coriaces, elles sont la source de toutes mes actions, elles laissent des traces de peinture partout où je passe.

Je crois que le destin m'a propulsée malgré moi sur un chemin qui m'échappe. Et j'ai trop pris goût à cette vie pour troquer mon destin contre des injonctions. C'est trop tard pour la normalité, maintenant. C'est fichu, mamie, je n'aurai pas une vie « normale ».

Et puis c'est quoi, une vie normale ?

Et toi, tu penses quoi de la vie, mamie ?

Chapitre 1

Vivre, avec soi

Gandhi a dit que la vie méritait mieux que la vitesse.

Faire les choses à l'endroit

Étrange chose que de commencer mon livre ainsi, en dédiant une première partie à l'introspection. En me penchant rétrospectivement sur ma vie. Que vont penser les gens : Trop égocentrique ? Pas assez de fond ? Trop long ? Pas assez précis ? Des « trop » ou des « pas assez », autant de croyances qui limitent. C'est tout le temps comme ça, mamie, la vie. Des « trop », des « pas assez », des doutes, des « allez go, on y va », des « tant pis pour le reste, il est plus fort de vivre ».

Tu vois, instinctivement, je serais tentée de commencer d'entrée de jeu par les chapitres sur la vie, la société, les autres. Mais pas sur la manière dont j'ai grandi. Je me dis que je vais perdre tous les lecteurs. Qu'ils vont penser des choses que je n'ai pas envie qu'ils pensent.

Mais il est une chose fondamentale dont j'ai récemment pris la mesure. Aucun changement sociétal profond et durable ne se fera sans une transformation intérieure. Une transformation silencieuse, progressive et individuelle. Et, pour ça, inévitablement, l'introspection est nécessaire.

J'ai ainsi pensé ce livre comme un entonnoir, allant de soi aux autres, à la société, pour pouvoir finalement être disponible au monde. Un peu comme le masque à oxygène que tu mets en premier sur ton visage dans un avion, avant d'aider ton voisin. Mais ne parlons pas d'avions. Je les boycotte. C'était juste pour l'exemple.

Dans nos vies, on fait tout à l'envers. On se perd dans le monde pour espérer trouver notre place en société et ainsi être reconnus par les autres, pour, enfin, trouver dans leurs yeux une acceptation de soi. Mais non. Vaine quête. Tout est en chacun de nous.

On n'a plus besoin de prouver quoi que ce soit aux autres lorsqu'on est bien avec soi.

Tous les « et si » d'une vie

Je m'amuse souvent à imaginer ce que serait ma vie si, à ce moment-là, j'avais pris telle décision plutôt que celle-ci. Et si j'avais attrapé ce train plutôt qu'un autre. Et si j'avais choisi la Grèce plutôt que l'Inde. Et si j'avais étudié la philosophie plutôt que le commerce. Et si j'étais entrée au conservatoire de danse plutôt qu'au collège Paul-Esquinance de La Réole. J'aime projeter une multitude de vies sur des « et si ». Quelles auraient été les rencontres sur ma route, les opportunités attrapées ou balayées ?

Il y a tellement de voies possibles. C'en est presque vertigineux. Écrire apaise ce vertige.

Charles Pépin

À 20 ans, je me demandais : « Comment on fait pour ne pas passer à côté de sa vie ? »

Et pour moi, passer à côté de sa vie, c'était justement trop anticiper, trop se projeter, trop penser à l'avenir. *Nouvel Œil, épisode#75*

*

Parmi tous ces « et si », j'aurais pu continuer à porter des blouses trop grandes. La blouse blanche de la scientifique pour tenter d'élaborer des solutions chimiques en terminale, sans faire exploser le lycée. Ou la blouse vert kaki pleine de boue pour rester à la ferme de papa. J'aurais pu passer ma vie à enfiler des blouses trop grandes, pour tenter de rester stable sur des chemins trop étroits. Comme on redresse des mots maladroits sur des lignes droites. J'aurais pu passer ma vie à porter le masque des autres. J'aurais pu.

On est tellement à traverser nos vies avec des blouses trop grandes, des masques et des « j'aurais pu ».

Un matin, j'ai dit à papa que je n'étais pas faite pour tendre des biberons aux veaux, mais pour tendre un micro jaune au monde. Et je suis sortie nue dans la rue. Sans rien. Juste avec deux micros. Jaunes. À vide et à vif. J'avais 21 ans.

*

Je nous souhaite de tomber du landau, mamie. De nous mettre à nu et d'avoir froid, très froid, trop froid d'être nous-mêmes.

Je nous souhaite des rêves plus hauts que Saturne, et de les appeler de nos vœux tous les jours. Surtout les soirs de nouvelle lune. Parce qu'ils se réalisent, je te jure que ça marche. Si je n'avais pas parlé à la lune, ce livre ne serait pas entre tes mains, mamie.

Je nous souhaite d'écrire, beaucoup. Même si c'est de travers, même si ça déborde ou si le stylo bave.

Je nous souhaite de tomber amoureux, parce que les papillons dans le ventre, c'est aussi beau que les papillons jaunes du printemps.

Je nous souhaite beaucoup de petites choses qui font des grands tout.

Je nous souhaite d'apprendre chaque jour et d'enchaîner les échecs. Vraiment. Je nous souhaite beaucoup d'échecs. Ça nous permet de rester humble.

Je nous souhaite des mains tendues à attraper des fruits et des mains enfoncées dans la terre.

Je nous souhaite des balades avec des livres sous les bras.

Je nous souhaite de danser et de crier et de mettre la musique très très très fort, jusqu'à ce que les voisins viennent frapper à la porte. Et puis de danser avec eux.

Je nous souhaite de faire des câlins aux voisins. Et aux inconnus.

Je nous souhaite la tristesse et la joie. Les deux. Parce que l'un ne va pas sans l'autre, et que les deux réunis font un peu de bonheur.

Je nous souhaite l'ivresse de la liberté, mamie. On est libre quand on est pleinement soi. Je nous souhaite d'être pleinement nous-mêmes.

Ce que le monde serait beau.

Les choix décisifs

C'était une journée grise d'octobre 2019.

Dans ce café à Paris, j'ai tendu mon micro jaune pour la première fois à Pablo Servigne. J'étais perdue dans ma vie, comme à peu près tous les jeunes dans la vingtaine, je crois. J'avançais dans mes études, sans objectif précis. Je tâchais de rendre mes dossiers à l'heure, d'écouter en cours et je me disais qu'ainsi, on verrait bien ce qu'il se passerait. Et puis il y avait le temps pour décider de mon avenir. C'est ce que je te disais, mamie, « j'ai le temps ». On dit toujours qu'on a le temps pour les questions qui dérangent. Ça nous arrange.

Je n'avais alors qu'une vague idée de ce à quoi ressemblerait mon avenir. Je l'imaginais sous différents angles selon les jours, les humeurs, les envies. Je cherchais ce truc qui « ferait bien ». Je te disais que je voulais présenter la météo, gérer une entreprise, être astronaute, actrice ou danseuse étoile.

En réalité, j'avais simplement peur des choix déterminants. Parce que le problème quand on a le choix, c'est qu'on se demande toujours si on a fait le bon. Apprendre à trancher et à s'engager dans une direction plutôt que dans une autre, c'est comme une partie de poker. Comment font les gens pour jouer au poker ?

Savoir quoi faire de sa vie. Savoir comment vivre. Savoir comment aimer. Savoir comment avoir confiance en soi. Est-ce que les générations précédentes savent ? Est-ce qu'à mon âge elles savaient ? Qu'est-ce que la vie leur a appris ? Finalement, qu'est-ce qu'elles ont à apprendre à la mienne ? Toi, mamie, qu'est-ce que tu peux nous transmettre ?

Un matin, c'était évident : j'allais questionner le monde sur ce qui fait nos vies, pour m'aider à construire la mienne. Cet élan était purement personnel. Irrationnel, innocent, naïf sûrement, mais je voulais des réponses à mes questions. Cet élan était de ceux qu'ont les enfants, irréfléchis, spontanés, inconscients. Cet élan m'a fait tendre un micro jaune pour la première fois. Ce jour-là, j'ai compris ce que serait ma vie : faire parler les autres. Faire résonner le monde et sa beauté.

Matthieu Ricard

20 ans, c'est l'âge où on sait souvent ce qu'on ne voudrait pas que la vie soit : ennuyeuse, contraignante, déprimante. Mais on ne sait pas vraiment ce qu'on voudrait qu'elle soit. *#108*

*

Je voulais des réponses, sans savoir poser les questions. Du moins, pas selon les codes et les formes « classiques » du journalisme. On m'a dit que je n'avais pas fait les études pour ça, que ce n'était pas un métier d'enregistrer des podcasts, que ça prenait du temps, que je me consacrais déjà à beaucoup de choses, trop de choses, et que je ferais mieux d'attendre un peu. Attendre la fin des études. Attendre d'acquérir les compétences. Attendre d'avoir le temps.

« Attendre ». On attend pour tout. On flippe de l'immédiat. Pourquoi attendre que la vie passe ? Tant pis si les questions ne sont pas bien posées. J'ai peur mais je me lance, avec un immense syndrome de l'imposteur.

Et puis il y a les papillons dans le ventre. C'est une façon que la vie a trouvée pour me parler quand je doute. Pour me confirmer que je suis sur le bon chemin. Elle met tout le temps des papillons dans mon ventre.

Je comprends alors qu'il y a une différence qui change tout dans une vie : le fait d'oser, ou celui de rester sur le côté.

Pablo Servigne

Ça m'a toujours paru absurde de « choisir ses études en fonction des débouchés ». J'ai toujours choisi les études que j'aimais, peu importe s'il y avait des débouchés ou pas. Il faudrait plutôt apprendre à retomber sur nos pattes, à rebondir. À 20 ans, c'est le moment où on doit se prendre le monde dans la figure, on doit y aller. *#1*

*

Plus que des plans de carrière sur le long terme, je faisais grandir l'idée que la vie était possible.

J'en oubliais de réviser mes cours, moi qui étais si studieuse, sérieuse, trop sérieuse. J'étais celle qui angoissait pour ses examens des semaines à l'avance, et là, tout me paraissait futile, moins important, presque dérisoire. Les flux financiers, les prévisionnels et les chiffres comptables, ça m'ennuyait. Je ne pensais qu'au prochain podcast à enregistrer : qui interviewer, comment entrer en contact avec cette personne.

En cours, j'avais le sentiment de perdre mon temps. Je voulais aller tendre mon micro, partout, prendre des trains et aller à la rencontre du monde. Poser mes questions. Questionner le monde. Comprendre les choses, les gens, la vie. J'ai été piquée en intraveineuse par une nécessité de transmettre. Chaque interview était une nouvelle pierre posée dans la construction de ma confiance personnelle. Ce sont ces pierres qui, mises bout à bout, ont un jour été suffisamment stables pour me dire que j'allais continuer.

Pendant des mois, j'ai puisé dans mes économies, constituées au fil de jobs d'été, pour faire vivre mon podcast : Nouvel Œil. Ramasser les tomates, castrer le maïs, aider le gardien de ce refuge de haute montagne à Chamonix. J'ai mis une croix sur ma vie sociale, sans vraiment le conscientiser. Faire grandir Nouvel Œil m'apportait plus que des verres pris en terrasse. Petit à petit, les écoutes du podcast ont grimpé en même temps que je grandissais avec elles : 10, 100, 1000, 10000, 100000. Les études, les contacts, les filons, j'ai compris que ça aidait, oui.

Mais que ça ne faisait pas tout. La passion profonde et la rigoureuse discipline détrônent n'importe quel diplôme.

Mes parents étant agriculteurs, je ne pouvais pas me raccrocher à cette haute sphère parisienne, aux études prestigieuses qui offrent des carnets d'adresses tout chauds. Je suis de la campagne, alors j'ai fait sans.

Chaque rêve me semblait désormais à portée de main.

Frédéric Lopez

J'adorais quand on me disait : « Non mais tu rêves, toi », ça me stimulait. Et ça faisait rêver les autres. Je me rendais compte que chaque fois que je réalisais un rêve, ça les rendait heureux. Et c'était un moteur : leur montrer que c'était possible. *#65*

Figer son futur sur du papier

Quand j'ai reçu mon diplôme, on m'a proposé un CDI. Bien payé, à Paris, avec des responsabilités. J'ai hésité à dire oui. J'avais la trouille de dire non. Et puis c'était le truc stylé dont on rêve au début de ses études. Le truc stylé pour lequel j'avais élaboré un CV en béton pendant des années, en enchaînant les « major de promotion » et les expériences « atypiques » qui « font la différence ».

Et puis le jour où ça arrive, le jour où on me le propose, ce CDI, je dis non.

Il me semblait pourtant fou d'oser avancer dans le brouillard. Mais, à ce moment précis, il aurait été une plus grande folie encore de suivre les voies toutes tracées.

Je voyais autour de moi mes amis se ranger. Comme si, d'un coup d'un seul, on basculait dans les concessions, les horaires imposés, les responsabilités qui enferment, les métros après lesquels on court, les journées qui filent et le temps que l'on ne retient plus.

Ça y est, on était devenu « adulte ». Ça y est, on avait signé notre premier CDI, comme symbole de l'entrée dans la vie des grands. D'un coup d'un seul, les adultes ne nous regardaient plus pareil. Il fallait maintenant paraître sérieux, avoir un discours cohérent quand on parlait de son « projet de vie ». Fini la rigolade.

Alors on ne sait pas bien si ça nous plaît, mais on signe. On trouve un métier, ce truc auquel on va consacrer la majorité de notre temps. Je suis médecin, je suis comptable, je suis architecte. Ça rassure. Et puis on trouve un copain, une copine, un lieu où vivre, une maison, on agrandit la famille. Tout est bien rangé, à sa place, lissé, et ainsi le temps passe. Quand ça déborde un peu, on panique.

C'est cliché, mais c'est ainsi. Nos vies sont des clichés pris en cliché.

Bruno Patino

La chose que je trouvais la plus angoissante, c'était cette impression fausse que tout le monde avait déjà organisé ce qu'il allait devenir.

Le fait de ne pas être trop planifié dans ce que l'on veut faire, c'est souvent une source de stress pour l'entourage. Mais en ce qui me concerne, c'est ce côté non définitif de mes plans qui m'a permis d'avoir une vie professionnelle que j'adore. *#98*

Jean-Louis Étienne

L'existence, c'est un chantier permanent.

Soyez des explorateurs de votre métier.

Faites de votre vie une aventure. *#101*

*

Je fuis les clichés. Ces étiquettes, cette réticence au débordement, m'effraient plus qu'elles ne me sécurisent.

Je voulais éviter cela : cantonner ma vie à un bureau, à un emploi du temps prédéfini par d'autres, des horaires carrés délimités par des cafés, des vacances planifiées des mois à l'avance pour souffler d'un quotidien stressant. Rentrer dans un moule, devenir comme un pion, une marionnette que la société façonnerait, m'endormir dans le conformisme, m'élancer dans cette course après le temps, vite, le CDI, les contrats, les crédits. On se tartine de contrats, contrats allant avec contraintes, contraintes allant avec perte de liberté.

J'avais le sentiment que devenir une adulte serait cela : perdre ma liberté. Perdre ma vie à vouloir la gagner. L'idée de suivre les modèles préconstruits me semblait alors insupportable. Modèles qui, au-delà de nous aliéner, me paraissaient vains. Ces modèles qui alimentent une course au toujours plus : une course que l'on se doit aujourd'hui de stopper pour nous préserver, et pour préserver notre environnement. Ou l'un avant l'autre ; l'autre n'allant pas sans l'un.

Pourtant, ça aurait été tellement plus simple de ne pas questionner l'ordre établi, mamie. De faire ce que l'on me disait de faire, de suivre, de laisser filer les années, de ne pas tout remuer, mais d'accepter. Ç'aurait été tellement plus simple d'éviter ces longues semaines d'introspection, de doute, de flou, de vide, de peur. Ç'aurait été tellement plus simple de rationaliser en taisant mon intuition. C'est dur d'aller à l'encontre de ce que l'on connaît. De croire en l'inconnu et en un demain flou.

Flore Vasseur

Tu es enfermée dans ton intelligence, dans ton statut, dans ton confort, dans tes réflexes, tu es un bon petit soldat, mais tu n'es pas toi-même. Si j'en crois le niveau de burn-out de gens de ma promo, ou de gens qui ont bifurqué, on voit que cette quête de sens nous explose à la figure sociétalement.

Nous ne sommes que les héritiers des choix des générations précédentes. La question est : « Est-ce qu'on entérine ces choix, ou est-ce que nous-mêmes, à titre individuel, on décide de questionner ça ? » *#51*

*

Mais me conformer, c'était tirer discrètement un trait sur mes rêves, sur ma vie. C'était vivre pour d'autres. Alors j'ai fait le choix de rester une enfant. J'en ai fait la promesse à moi-même : « Ne dessine pas de plan de carrière, suis toujours ton intuition. » Cette intuition est devenue ma boussole de vie. Personne n'a compris. Mais tout le monde m'a fait peur.

Comment être prise au sérieux quand on dit, à 22 ans, un peu naïvement : « Je veux avant tout donner du sens à ma vie » ? « Mais alors, ton vrai métier, c'est quoi ? » ; « Tu habites où ? Comment ça, partout ? C'est quoi des colocs éphémères ? » ; « Ta retraite, tu y penses ? » ; « Toujours pas de petit copain ? C'est l'âge. »

Toi aussi, tu me poses ces questions, mamie. Tu aimerais des réponses faciles, évidentes, de celles que l'on connaît bien pour projeter où l'on sera dans cinq ans. « Ouf, c'est bon, elle cotise pour sa retraite, elle a son CDI, bientôt mariée, c'est bien, rassurée. »

Je m'excuse de ne pas pouvoir te rassurer autrement qu'en t'écrivant un livre.

Comment trouver ce qu'on veut faire plus tard ?

Catherine Testa

Quand on se pose la question de : « Qu'est-ce que je vais faire plus tard ? », la première chose, c'est de se demander : « Qu'est-ce que je veux vraiment faire ? »

Tout est une expérience. C'est probablement une des plus grandes conclusions à laquelle j'arrive aujourd'hui. Ne vous formalisez pas quand quelqu'un vous dit que ce que vous faites n'a aucun intérêt. *#40*

Jean-Louis Étienne

Quand on me dit : « Moi, je n'ai pas de rêves », c'est faux. Vous avez toujours eu une ou des idées, forcément. Si vous ne cultivez pas une idée, vous n'arrivez à rien.

Il faut se méfier de tous ceux autour de vous qui vous disent : « Ça n'a pas d'avenir », « Je ne sais pas à quoi ça sert », on s'en fout.

Ce qui est intéressant, c'est de se maintenir sur une trajectoire. Il faut se faire une trousse à outils dans la vie, qui se compose d'une multitude de rencontres, de lectures, de découvertes. *#101*

Philippe Gabilliet

Quand on veut se projeter dans le futur, il y a deux façons de faire :

– soit tu as un but précis, une vocation, et tu vas tout mettre en œuvre pour aller vers cet objectif très précisément ;

– soit tu sais ce que tu ne veux pas et, à partir de là, tu es ouvert aux rencontres, aux demandes.

Dans la vie, les meilleures décisions sont celles que l'on prend en n'étant pas prêt. Mais au moment où la décision est prise, on va mettre toute son intelligence, toute sa passion, pour faire en sorte que cette décision se révèle être celle qu'il fallait prendre. *#48*

Fabien Olicard

Je n'ai jamais pris de décisions. C'est juste qu'il y a des possibles, et je me dis : « Eh, pourquoi pas ? » Comme je n'ai pas d'objectifs très précis, je suis très ouvert à la possibilité incongrue. Et si ça ne marche pas ou si ça ne me plaît pas, je pars sur une autre branche. *#46*

Claudie Haigneré

Il y a des opportunités, des chemins dans la vie. La vie va vous offrir des opportunités, des choses que vous n'attendiez pas, et vous avez le choix de les saisir ou non. *#105*

Anaïs Vanel

À l'école, il y a une espèce de pression sociale, une pression de la réussite. Je voulais un métier un peu « wouahou », et j'ai oublié tous les à-côtés.

Et un jour, on se réveille et on se dit : « Tiens, dix ans ont passé. Est-ce que ça me correspond vraiment ? » *#57*

Février 2023.

En écrivant, je comprends que ceux qui écrivent ont tous, d'une certaine façon, une duplication des sens. Il faut ressentir les choses avec une profondeur exacerbée pour écrire leurs décors. Regarde, mamie, comment Jean d'Ormesson, Philippe Delerm ou Jean Giono arrivent à décrire si poétiquement un pétale de marguerite.

Écrire, c'est habiller d'extraordinaire une chose apparemment anodine. C'est décaler un objet, un lieu, une personne, un événement, pour l'éplucher, le raser, le retourner. C'est de l'ordre du subtil. De l'impalpable. Du ressenti. Un accès aux faces cachées de toutes choses. C'est ainsi que l'on décèle les détails, les couleurs, les odeurs, les sons, qui font que l'on écrit des livres.

C'est peut-être parce que je suis si attachée aux odeurs et aux couleurs que j'écris, mamie. Mais c'est difficile, d'écrire. Pourtant je crois qu'on ne le choisit pas. Ça nous tombe dessus, comme ça, une nécessité vitale. On ne se pose pas la question de savoir si, oui ou non, il faut déposer les mots : c'est une urgence.

Tu sais, être publiée chez Fayard, c'est un peu le rêve de gosse que tu écris au crayon à papier parce que tu n'oses pas vraiment y croire. Tu te dis qu'« un jour peut-être »... et puis tu laisses les jours enterrer les « peut-être ».

Margaux, mon éditrice, a déterré mon « peut-être » en me disant que j'en avais sous la pédale. Qu'il fallait écrire, écrire et écrire encore. Reprendre chaque chapitre un à un et me lâcher, oser écrire ce qui demandait à sortir. Vider mon sac. Cash.

Quand elle m'a dit ça, j'ai senti qu'elle avait libéré quelque chose en moi. Je ne sais pas quoi, mais ça s'est débloqué. Je crois qu'elle a tourné la clé que je verrouillais.

Alors j'ai déverrouillé.

Vivre ses émotions

J'ai longtemps fermé les yeux sur mes émotions. Comme si c'était quelque chose de tabou qu'il fallait absolument éviter. Accepter la tristesse, s'autoriser à pleurer, tout ça, non, pas pour moi.

On est souvent pudique, pourtant, la vie nous pique tous, de différentes manières. Même quand on sourit. Surtout quand on sourit. Ça, c'est une chose que j'ai comprise en grandissant. Parfois, des sourires cachent de lourds fardeaux. Parfois, on croit que s'éloigner de ce qui dérange nous fera avancer plus vite et que ça arrangera tout. Alors on fuit. On repousse. Accepter, affronter, c'est toujours plus inconfortable.

Fabrice Midal

On a le même rapport à soi que celui que l'on a avec la terre et avec les êtres humains. Tout contrôler, gérer son stress, gérer son temps, gérer ses émotions.

Personne ne va mal parce qu'il n'a pas assez bien géré son stress. Les gens vont mal parce qu'ils veulent gérer leur stress. C'est exactement l'inverse. C'est parce qu'ils ont un rapport de gestion à eux-mêmes qu'ils ont perdu quelque chose de leur humanité. On veut trop bien faire. *#97*

Maud Ankaoua

J'aurais aimé que, dans ces brillantes études, il y ait des modules sur l'intelligence émotionnelle. Même depuis la maternelle, parce que la vraie construction est là.

On entend tout le temps qu'il faut faire taire nos émotions. Or, nos émotions, c'est l'alerte immédiate de quelque chose qui ne va pas. *#60*

Frédéric Lenoir

La connaissance de soi, c'est essentiellement l'introspection aidée par le regard d'autrui. *#37*

*

J'ai le sentiment d'avancer sur un fil invisible qui, souvent, menace de me faire basculer dans le moule de ce que les autres voudraient. De moi, et pour moi.

C'est si vite fait, de mettre des filtres pour ressembler à, de s'éviter soi pour se conformer à, de se maquiller pour effacer. Ça prend certainement une vie d'apprendre à être soi. C'est une composition de tous les jours, un travail personnel qui demande du temps, de l'endurance même. Si devenir soi est ardu, s'éloigner de soi est si simple. On a vite fait de s'oublier, de s'écrouler sous des couches d'injonctions, de peurs, de formalités et d'étiquettes.

Et il y a un grand piège dans notre monde. On nous pousse vers la quête de nous-mêmes en nous mutilant de « notifs » et d'injonctions balisées. On cultive un besoin de reconnaissance exacerbé, un like, un commentaire, un emoji avec des cœurs et hop, le niveau de dopamine explose. On construit notre estime de soi sur l'extérieur, à base de filtres Insta et de posts likés. Mais c'est comme remplir d'eau une poche percée. Jamais un diplôme ni une décoration ne rempliront cet amour-propre. C'est du futile ça. De l'illusoire.

Je comprends aujourd'hui que l'on est beaucoup plus influençable quand on ne se connaît pas personnellement. On se fait ballotter à droite, à gauche. On perd le contrôle de nos vies en les faisant coller aux attentes de la société. Et ça les arrange, les grands de ce monde. Ils n'ont aucun intérêt à ce que l'on soit apaisé sans leurs gadgets. Leur économie s'effondrerait. Alors on nous vend un bonheur sous condition.

Christophe André

Il y a une corrélation absolue entre le fait de régler ses problèmes par la consommation et le fait d'accroître son malheur. C'est comme les réseaux sociaux, toutes les études montrent que, plus quelqu'un passe du temps dessus, plus il accroît son anxiété, plus il abaisse son estime de soi. On est toujours poussé à en faire plus, à montrer encore plus qu'on va bien, on pousse chaque fois plus loin notre visibilité. Et cette quête, inconsciemment, elle nous angoisse ou nous désespère parce qu'elle est sans fin.

Si nous étions parfaitement bien dans nos baskets, ces histoires ne marcheraient pas. On comprendrait qu'acheter telle fringue de plus ou regarder telle série n'ajoutera rien à notre bonheur. *#104*

Conrad

Quand tu vis dans la société, tu es toujours confronté et identifié à l'extérieur. Tes collègues, tes camarades, tes amis, tes relations sentimentales. Quand tu es dans une forme de solitude, tu es juste face à toi-même. Il n'y a plus de comparatifs possibles. La solitude est primordiale dans le cheminement d'un humain. On a tendance, parmi les modes d'éducation, à vouloir s'identifier, à vouloir construire une identité, professionnelle, sociale, familiale. Toutes ces formes d'identités limitent l'être humain. *#44*

*

Il est nécessaire d'aller déconstruire les schémas qui, en nous, ont durci comme du béton dès l'enfance. Ensuite, d'aller creuser profondément, très profondément, pour chercher qui l'on est. Il faut du temps, de l'espace disponible pour la réflexion. C'est un vrai travail de fond, qui est impalpable, et pour lequel on néglige de prendre le temps, dans une société où la lenteur est devenue un gros mot.

Tu sais, je compare souvent la construction de l'estime de soi avec la croissance des légumes de mon potager. Mes carottes, elles s'ancrent dans la terre avant de montrer leurs froufrous verts et puis de grandir. D'ailleurs, les premières sont de sortie. Intense joie que celle de la délectation d'un légume qu'on a soi-même semé.

Comment on apprend à écouter son intuition ?

Maud Ankaoua

Se combler soi-même, c'est apprendre à s'aimer, à se connaître. Le problème, c'est que dès qu'on a cinq minutes devant nous, vite on va combler ce vide, aller sur les réseaux sociaux, appeler quelqu'un. Je crois que, justement, il faut arriver à faire silence.

Plus on est rempli de soi, plus naturellement on va vers qui l'on est. *#60*

Christophe André

On apprend à être soi en se mettant un peu en retrait de l'action, du loisir, du lien social, et en étant dans une simple présence. C'est plus compliqué aujourd'hui depuis l'apparition des écrans, parce que ce qui remplace les temps de vie intérieure, ce sont les temps d'écrans. *#104*

Le goût du sauvage

Je ne comprends toujours pas comment nos corps ont pu devenir des objets catalogués que l'on *swipe*. Maintenant, on ouvre des applis sur nos téléphones tactiles pour choisir notre amoureux, comme sur le marché. Et on trouve ça normal. Je dis « on » mais je ne le fais pas. C'est trop étrange de glisser son doigt à droite pour valider quelqu'un, à gauche pour dire qu'il est moche.

En Chine, nos têtes sont numérotées par un crédit social. George Orwell était visionnaire, Big Brother nous regarde. Tu passes au feu rouge, ton crédit baisse. Moi qui aime tant griller les feux. Tu achètes beaucoup, ton crédit flambe. Et la planète avec. Acheter, acheter, acheter, graal d'une vie dénuée de sens.

Je grandis dans un drôle de monde, mamie. Des vies se bâtissent sur des carrières d'« influenceur », en montrant des choses tantôt futiles, tantôt dérisoires, parfois intéressantes. Un CDI représente le passeport pour une vie rangée dans les années à venir, ce même CDI est trouvé grâce à une intelligence mesurée par des lignes sur un CV. Le CDI comme passeport pour le burn-out, tamponné avec une phrase : « Je piétine tes rêves d'enfant. »

Je grandis dans un monde où l'on a oublié que la seule condition qui soit à nos vies, c'est la préservation de ce fragile équilibre qui permet notre existence sur terre. Cet équilibre que l'on bousille à coups de béton et d'autoroutes pour rouler plus vite. Pour le faire dérailler un peu plus, cet équilibre si pur.

*

Maintenant, mamie, on fait venir la neige par hélico. On ne sait pas que les patates poussent sous la terre et on ouvre tous les matins la porte d'un même bureau. On y reste toute une journée, quadrillée par des allers-retours à la machine à café.

On planifie nos vies sur des tableaux Excel. Toi, tu le faisais sur le calendrier de la lune. On est paumés, mamie. Il ne fallait pas remplacer la lune par des Excel.

Vous aviez moins de choix, vous, mais au moins vous avanciez. Nous, on nage dans ce trop-plein de choix. On se perd dans toutes ces nouveautés, ces sollicitations, ces notifications, tous ces artefacts. Ça déborde de partout et quand on nous parle de paix intérieure, forcément, on n'y comprend rien. On ne sait pas faire, mamie, goûter le temps long. Prendre un journal au coin du feu. Laisser une pâte à crêpe reposer longtemps. Tenir une coccinelle entre ses doigts. On veut l'info en quinze secondes et la crêpe tout de suite. Alors on regarde des coccinelles sur TikTok en mangeant des crêpes sous plastique.

Il est très critique ce chapitre, mamie, mais il faut mettre les pieds dans le plat, un jour. Pour de bon. Arrêter les nuances. Dire les choses telles qu'elles sont, brutes.

*

Plus je grandis, plus je cultive un goût pour le vif. Le brut. L'authentique. Le rude. Le nu. Le sobre. Le sauvage. Le sain. Le vrai.

Tout ce qui est peinturé et maquillé et lissé et verni ne m'attire pas. Tout ce qui sonne faux me saute aux yeux. Alors je mets des chaussettes avec mes Birks, je laisse les poils sur mes jambes. Et je m'en fiche. Mais alors royalement. Tu me dis que je dois me faire belle maintenant. Que c'est du sérieux de passer à la télé et de rencontrer des gens importants. Mais je ne veux pas me conformer à eux, encore moins à leurs codes.

Alors je mets tes robes trop grandes, tes pulls troués, tes pantalons rafistolés et les habits de récup des copines. Ça me suffit pour affronter le monde, mamie. Ce qui compte, c'est ce qu'il y a à l'intérieur. Derrière l'apparat.

Le décor, c'est du futile, une façade, un masque. On se cache. Moi je veux du brut. Des cernes. Des traces de vie. Des regards qui en disent long. Qui empoignent. Des pupilles qui détrônent tous les traits d'eye-liner par leur profondeur.

Il y a ce garçon, sur la côte basque. Il est sauvage, vif et authentique. Dans ses yeux, je vois la terre. Mais je n'arrive pas vraiment à les regarder, ses yeux. Ils m'intimident tant la terre y est bleue.

Je n'ai pas eu à *swiper* pour comprendre qu'il m'avait piquée. Sans anesthésie générale. À vif. Pour tout ressentir.

*

Christophe André

Au fond, le marqueur d'une bonne estime de soi, c'est l'oubli de soi. On n'est pas sans arrêt centré sur soi quand on arrive dans une soirée ou ailleurs. On ne se demande pas quel effet on va faire ni comment les gens vont nous juger, mais on s'intéresse aux autres, à l'endroit, on n'est pas centré sur soi. *#104*

Tu sais, mamie, j'ai peur d'écrire. De dire. De parler. J'ai peur de prendre la place de personnes qui seraient plus légitimes que moi pour goûter cette chance d'être publiées, lues et entendues. Il y a ces personnes pour qui la littérature est inscrite dans leur chair, tatouée, vitale. Il y a ces personnes qui ont de brillantes choses à dire, mais qui n'ont pas les likes pour les faire entendre. Tant de mots et de pensées se perdent ainsi, par l'invisibilisation de ceux qui choisissent la profondeur plutôt que les vitrines.

J'ai peur que les likes brossent nos cultures, nos talents et nos auteurs français. Ou tout autre artiste, d'ailleurs. Les likes remplacent les écoles de cinéma, de comédie, d'écriture, de littérature. Tout ce qui fait notre culture. La méritocratie a été troquée contre des algorithmes et des filtres, mamie.

Mettre tout ça en sourdine et sentir l'odeur des livres, voilà ce qui m'aide à écrire. L'odeur des livres embaume tout et me permet de bousculer les certitudes tranquilles.

Félix Radu

Tout me fait peur. L'idée de la mort me fait peur, l'oubli me terrifie, les femmes me font très peur, être regardé me fait peur, être aimé me fait peur, ne pas mériter l'amour que l'on me donne me fait peur, ne pas aimer me terrifie aussi. Je suis un vrai trouillard, et ce n'est pas grave d'avoir peur, parce que c'est la peur qui nous permet d'être courageux. C'est parce que j'ai peur que je fais de l'art. *#36*

*

L'écriture est comme une bulle qui m'appartient, qui me permet de m'échapper pour me retrouver. Avec elle, je me sens exister plus fort encore. C'est une descente en moi-même. De ces descentes que l'on évite parce que ça titille trop d'aller gratter par là. C'est vertigineux, de se jeter ainsi tête la première dans les profondeurs de soi et de ses émotions. On n'est jamais prêt à ça. Pourtant, écrire est devenu aussi vital que de me brosser les dents et de manger des fruits.

Je n'ai jamais vu de psy mais je crois qu'écrire vaut toutes les séances du monde et tous les médicaments des pharmacies. D'ailleurs, je comprends maintenant pourquoi j'ai commencé à écrire, et pourquoi à ce moment-là. J'avais 15 ans. J'ai demandé à papa à voir un psy et il m'a répondu : « Mais tu vas bien, toi, tu n'as pas besoin de psy. » C'est ce jour-là que j'ai commencé à vraiment écrire, mamie. C'est ce jour-là que j'ai pris un stylo qui ne m'a plus jamais quittée. Le stylo a remplacé le psy.

*

Écrire, c'est digérer. Écrire fait tout décanter. Un peu comme le mental qui prend trop de place et qui se range après avoir médité. Écrire permet de lutter contre le désordre. J'écris ce que je n'ose pas dire.

Je crois finalement qu'écrire est ma façon personnelle de déposer mes émotions. Pourquoi tant de passions me traversent quand j'écris, mamie ? Peut-être que je les ai retenues trop longtemps.

Alors, ça n'est pas de la grande littérature mais, au moins, je pose les mots. Et ça me soigne un peu. C'est comme si, un jour, ça apaisait les maux de ce monde et, l'autre jour, c'étaient les haut-parleurs des beautés de ce même monde. L'écriture m'aide à réparer. Ou à me réparer.

C'est tellement difficile de poser du noir sur du blanc, seule, pendant des mois et des mois. De se demander, à chaque nouvelle page blanche, si on est vraiment légitime à y mettre du noir. De répondre : « Ça avance, ça avance » aux : « Alors le livre, il en est où ? »

Ça avance. Et j'attache toujours mes cheveux pour écrire, sinon je les touche trop et ça les abîme.

Comment on fait pour dépasser nos peurs ?

Bertrand Piccard

J'ai compris que la peur, le mal-être, viennent souvent de la manière qu'on a de se projeter dans le futur. On se projette avec nos problèmes, mais on ne projette pas les solutions pour les régler.

Quand on se connecte à soi-même, que le danger nous force à être vraiment concentré sur comment agir pour être juste, alors il n'y a plus de place pour se projeter dans la peur. *#106*

Charles Pépin

L'échec m'instruit plus que le succès. On apprend naturellement de ses erreurs. Ça rend les succès d'après beaucoup plus agréables. Quand on réussit trop vite, on n'en profite pas. *#75*

Philippe Croizon

La peur et le doute, ces deux personnages-là, il faut vivre avec eux. Il ne faut pas qu'ils deviennent un poison, ni un frein. Ils sont là. *#53*

Maud Ankaoua

La grande majorité de nos peurs sont liées aux films que l'on se fait.

3 % de nos peurs réelles sont générées par le cerveau instinctif. Les 97 % restants sont liés à nos pensées, et ce sont celles qui nous pourrissent la vie. *#60*

Tôt, le matin

Il y a dans le matin, tôt le matin, un sentiment d'appartenance au monde. Quand tout dort encore, que la nuit laisse peu à peu la place aux sens.

Toi aussi tu aimes les matins, mamie. Tu les commences même encore plus tôt que moi. L'été, dès que le noir du ciel commence à se retirer, tu es dans ton potager. Aux aurores. C'est beau, ce nom, les aurores. Je rêve de voir des aurores boréales, d'ailleurs.

Me lever tôt a toujours été une habitude, le week-end comme la semaine. Et même quand j'ai arrêté de mettre des réveils, l'habitude est restée, mon corps a pris le pli. Peut-être est-ce une envie débordante de goûter à la vie, ou simplement une discipline qui m'aide à savourer d'autant plus chaque journée. Il est 6h50 et on est dimanche matin. Tu me dirais : « Mais, ma petite-fille, il faut dormir le dimanche matin. » Les pensées ne prennent pas de dimanche.

Et puis, écrire, c'est faire ma toilette. C'est ancré dans ma routine maintenant. Tombée du lit très tôt, hop, dix minutes de yoga, hop, nettoyer mon visage, hop, lancer un podcast en faisant mon porridge, hop, manger mon porridge en écoutant un podcast, hop, faire couler un café et écrire.

Les premiers gestes de ma journée dictent souvent tous les suivants. L'intention que j'y mets, l'état de présence, la vitesse à laquelle j'enchaîne mes salutations au soleil, la façon dont je descends les escaliers, le soin que je mets à nettoyer mon visage, le temps que je prends pour méditer, si j'ajoute des noisettes ou des amandes à mon porridge, la manière dont je coupe mes fruits en petits dés.

Mon porridge du matin, avec du beurre de cacahuète, est un indispensable pour dire bonjour au soleil.

*

Je commence à travailler très tôt le matin. C'est là que ça fuse. Dans ces espaces de flottement, j'ai encore plus envie de retourner le monde. Et puis, de savoir que tout le monde dort encore, ça me donne une énergie que je n'explique pas. Le matin, tôt le matin, est une parenthèse. Goûter aux matins, c'est comme s'autoriser du temps « bonus ». Et alors, quand le monde se réveille et que le soleil se lève, plus rien ne m'arrête.

Je ne sais pas si, vraiment, il y a ceux du matin et ceux du soir. Je crois surtout aux rythmes que l'on cultive, que l'on s'autorise. Il y a dans les matins l'opportunité de se rappeler, de savourer, d'accueillir, de poser de fraîches intentions.

Aujourd'hui, on ira faire un peu de sport. On prendra le temps de contempler le dehors. On mangera en conscience. On boira moins de café et on écoulera plus de livres. On éteindra la lumière plus tôt le soir. Pour l'allumer plus fraîchement encore le lendemain.

Chaque matin est une occasion pour laisser derrière soi ce qui nous pèse. Chaque matin est une occasion pour ouvrir les yeux en grand, pour envoyer le premier mail autour de ce projet, pour écrire la première page de ce carnet, pour sourire dans la rue, pour regarder le ciel, pour surfer sa première vague. Chaque matin est une nouvelle année, avec ses intentions et ses vœux.

Je les aime tant, ces petits matins, quand le monde extérieur dort encore et que notre monde intérieur se réveille.

Frédéric Lopez

Chacun fait de son mieux.

J'invite tous les jeunes à faire du développement personnel. Parce que plus on se connaît, plus on sait ce qui nous rend heureux, et plus notre vie nous ressemble. *#65*

*

La vie la nuit n'est pas de mon monde. Je vois les bars, l'alcool et ces autres trucs qui habitent le ciel noir, comme des refuges qui déliteraient mon état de présence du lendemain. Je laisse la vie nocturne aux autres, j'ai décidé d'être de ceux du matin.

Ceux du soir sont toujours étonnés par les lève-tôt : « Quoi ?! Tu te réveilles à 5 h 30 tous les matins sans réveil ? » Ceux du matin sont toujours étonnés par les couche-tard. Comment font-ils pour avoir de l'énergie à 23 h 45 ?

La nuit est un espace à part, un espace auquel je n'ai pas accès. J'ai le sentiment que beaucoup de choses s'y font. Mamie, j'aimerais ne pas avoir à dormir du tout, pour goûter aux nuits autant qu'aux jours. Mais ça ne marche pas comme ça, ça ne se cumule pas. Si on goûte à la nuit, les journées ont moins de saveur.

Quand je manque trop de sommeil, tout devient gris et moi aussi. Les couleurs sont moins vives et les odeurs moins fortes. Je m'émerveille moins du jaune du mimosa.

Alors, depuis récemment, j'apprends à dire non. C'est un sacré challenge d'apprendre à dire non, mamie. Mais j'y travaille. Sinon, on passe sa vie dans le passé à retourner les scènes qui « auraient pu » arriver, et dans le présent à tourner des scènes à moitié là. Parce que, à vouloir être pleinement présent partout, on n'est partout présent qu'à moitié.

Fabrice Midal

Tout le monde a une passion, il faut juste prendre le temps de s'écouter. Et on ne prend pas ce temps-là.

On est pris dans cette idée qu'il faudrait être dans le confort, alors que ça empoisonne les gens. Ce qui compte, c'est le fait d'être en mouvement, de s'engager, de donner forme. *#97*

Maud Ankaoua

Être à sa place, c'est avoir le courage de se connecter à son cœur. C'est oser dépasser ses peurs.

On peut tous l'écouter très simplement : quand on fait quelque chose ou que l'on projette de le faire, et qu'on sent que ça vibre à l'intérieur.

Quand on comprend que tout ce qui nous arrive, on peut le transformer pour aider les autres, alors on est au bon endroit. *#60*

Raphaël de Casabianca

On ne se lève pas à 20 ans en se disant : « J'ai confiance en moi. » C'est un tas de paramètres.

L'audace compte beaucoup, il ne faut jamais avoir peur. C'est fou comme on peut avoir plein de freins, inconscients ou conscients. Mais en les dépassant, en n'ayant pas peur du regard de l'autre, les choses s'ouvrent. *#84*

Jean-Louis Étienne

Les bases de la confiance en moi, elles sont fondées sur le fait que j'ai clôturé ce que j'ai commencé.

On se construit sur les choses que l'on termine. Par l'engrenage des choses que l'on termine, on gagne en confiance, et c'est la confiance qui fait qu'on gagne en ambition. *#101*

Les chignons bien serrés

Du jour au lendemain, on m'a enlevé la danse classique.

Je crois que mon corps n'a pas bien compris comment on avait pu le faire danser pendant quatorze ans, trois fois par semaine, pour tout arrêter aussi brutalement. Je me suis construite avec la danse classique, mon corps et mes muscles ont pris son empreinte. J'ai beaucoup appris de la vie avec elle. La rigueur, la finesse, le détail, la discipline, la grâce, la répétition, la beauté, l'équilibre dans l'instabilité. J'ai beaucoup appris de moi et du monde. De sa légèreté mais aussi de la compétition qui s'y joue. Les tutus volants cachent souvent de lourdes souffrances.

Ma prof de danse a un peu été une deuxième maman pour moi, à me voir grandir sur le parquet de la salle. De mes 4 ans à mes 18 ans, et plusieurs jours par semaine. En corrigeant les moindres détails de mes gestes, elle m'a transmis ce goût de la précision.

J'ai beaucoup attendu de ma prof de danse je crois. Très jeune, elle m'a fait porter des tutus plateaux devant un public pour me donner un peu de consistance au milieu d'une scène. Elle me disait : « Reviens vendredi soir » et j'y restais jusqu'à tard, à faire des cours et des répétitions en rab.

Chaque année, les rôles distribués étaient comme des mises, des coups de poker. « Cette année, ça sera toi. » Ma prof de danse n'avait alors d'yeux que pour les rôles qu'elle distribuait. C'était toujours les mêmes filles. Souvent les filles des parents qui aidaient et qui étaient très présents à la danse. J'ai compris la rude réalité d'un monde qui tourne à l'intérêt.

J'ai beaucoup attendu de ma prof de danse. J'ai attendu qu'elle croie en moi, qu'elle me donne des rôles pour les spectacles de fin d'année. Parce que j'étais précisément à cet âge où avoir un rôle, c'était exister. Elle m'a toujours laissé entendre que, l'année prochaine, ce serait mon tour, le rôle principal serait à moi. Ce n'est jamais arrivé.

Depuis, je suis fâchée avec les sous-entendus et les rôles. C'est comme ça que j'ai appris à me détacher des étiquettes. En ne cherchant plus à attraper un rôle, je me suis libérée de toute attente.

*

Je n'en ai jamais vraiment voulu à ma prof de danse, parce que, finalement, j'ai appris, mamie. Mais, quand même, je crois qu'à cet âge précis où l'on se construit elle a créé une fissure dans ma confiance en moi, que j'ai peiné à retrouver.

La danse classique est un monde. Souvent violent. Qui déchire beaucoup de jeunes filles quand elles deviennent des femmes.

Du jour au lendemain, on m'a retirée de ce monde. J'ai fermé la porte de la salle pour ne plus l'ouvrir le mercredi suivant. J'ai arrêté d'enfiler des collants, de tirer mes cheveux en chignon, de tester de nouveaux justaucorps avec Mathilde, d'entourer mes chevilles de ruban rose pour faire tenir mes pointes. Du jour au lendemain, j'ai arrêté de travailler ma souplesse, mon grand écart et mes pas de bourrée. En arrêtant la danse classique, j'ai commencé à m'autoriser à déborder. À laisser des cheveux dépasser, à faire des trous dans mes collants.

*

Je n'avais pas prévu d'en dire autant sur moi, sur mes ressentis, sur mon intimité. Je n'avais pas prévu d'afficher autant de vulnérabilité. Mais les mots que l'on dépose ne se prévoient pas. Je crois que ce n'est pas vraiment moi qui écris ce livre, il s'écrit comme ça, tout seul, et je m'abandonne à lui.

J'ai vu Margaux à Paris hier et j'avais sacrément peur de lui montrer l'avancée de ce texte. Que valent ces mots après tout ? Comment estime-t-on leur valeur ? Le temps qu'elle lise m'a paru si long que j'ai bu mon smoothie détox cul sec. Et puis elle a pleuré. Je lui ai dit « désolée ».

Elle m'a dit « Victoria, tu vas écrire toute ta vie, tu le sais ? » J'ai dit « Oui, je sais. »

Frédéric Lenoir

On a besoin d'amour, mais il faut surtout apprendre à s'aimer soi-même. Avoir une qualité de relation avec soi-même nous rend autonome. En arrêtant de se comparer et de vivre dans une vie de compétitions, mais dans la communion, la collaboration, on progresse ensemble. *#37*

Chapitre 2

Vivre, avec les autres

Mamie, je crois que j'ai raté
le virage de la modernité.
Ce monde me bouscule.

Dans le regard des autres

Je suis à Paris, et j'ai posé mon regard sur Frédéric Beigbeder ce matin, croisé au hasard d'un café. En prenant mon petit déjeuner, il était là, à essayer de faire couler son café. Il a pris du temps pour le faire couler, son café. Pour ne boire finalement qu'une gorgée. Avec un croc dans son croissant. Puis il a plongé le croissant dans sa tasse, et il est parti. Son taxi l'attendait. C'est donc ça devenir grand, mamie ? Zapper le petit déj' pour sauter dans un taxi ?

J'apprends beaucoup de ce monde en regardant les gens vivre et faire et s'agiter et s'aimer. Je prends tout, je bois tout, j'imprime tout ce qu'il y a autour de moi. Après, ça fait un trop-plein dans ma tête, et j'écris des livres. Par exemple, je me demande ce qui fait que certains rangent leur maison et que d'autres laissent tout en bazar.

Tu sais, c'est peut-être émettre un jugement rapide et hâtif, mais je me dis toujours que ceux qui fument trop, boivent trop, s'entêtent avec des « trop » et des anesthésiants ne sont pas vraiment bien intérieurement. Les « trop » traduisent toujours un déséquilibre. Et souvent, ces « trop » déteignent sur des maisons en bazar.

Et puis dans ce monde, pas l'temps de ranger, pas l'temps, pas l'temps. Jamais l'temps pour rien dans cette vie, mamie. Pas même pour le petit déj'. Pas l'temps pour rien, mais on veut le tout, tout d'suite.

J'aime beaucoup regarder la maison des gens. Il y a aussi celles trop rangées, trop carrées, où chaque chose a minutieusement sa place. Elles sont aussi de ces « trop » finalement. Ce n'est pas normal de paniquer pour un chiffon mal plié ou rangé dans le mauvais sens.

*

J'apprends des autres en les écoutant et en les observant. Et si je les observe autant, c'est parce que je me questionne aussi sur notre rapport à eux.

Pourquoi ça « colle » avec certaines personnes, et avec d'autres pas ? Pourquoi des présences nous font nous sentir bien dès le premier instant et d'autres nous gênent ? Pourquoi les premiers ressentis sont souvent les bons ?

L'autre jour, ce garçon de la côte basque m'a dit que je le déstabilisais. Je ne l'ai pas choisi, mamie. Qu'est-ce qui fait que les gens flanchent ? Et puis, j'ai le sentiment qu'il y a toujours deux visages chez quelqu'un. Souvent contradictoires. Il y a des plis que l'on prend selon qui est en face de nous. Il y a toujours un costume que l'on enfile, avec la possibilité de s'en défaire. Les autres sont le reflet de nos costumes.

Ce matin, j'ai vu en Frédéric Beigbeder ce que je ne voudrais pas de ma vie : sauter des petits déjeuners pour des taxis en costard-cravate.

*

Certains voient en toi ce que tu n'oses pas encore imaginer. D'autres voient ces choses que l'on refoule, que l'on n'ose pas regarder en face, que l'on cache ou que l'on ignore. Certaines phrases, dites au bon moment, par la bonne personne, peuvent changer l'impulsion d'une vie. Il y a des mots qui frappent.

Des mots qui appuient sur la bonne touche et qui insufflent la confiance.

Il y a ces gens qui ont toujours le bon mot et la bonne blague. Ils rendent la vie douce et légère même dans les plus violents tumultes de l'existence. C'est une force. C'est du génie, même. Arriver ainsi à tout transformer en beauté et en rires. Certaines personnes ont une telle puissance qu'elles donnent envie de bouffer la vie et, d'un seul coup, on n'a plus froid, plus peur, on y va.

Il y a vraiment des gens qui transforment le monde par leur simple présence, mamie. Ils sourient, et ils changent notre monde. Puis le monde tout entier. Il en est ainsi.

Mamie, toi tu m'as éclairée généreusement sur ce que sont la force et l'inconditionnelle joie. La plus belle transmission qui soit.

Claudie Haigneré

On ne fait pas sa vie tout seul, mais avec notre bulle de confiance : nos parents, nos amis, les gens qui croient en nous. *#105*

Fabien Olicard

Les gens oublient ce qui ne les concerne pas, donc ne vous cassez pas la tête sur le rapport que les autres font avec ce que vous faites. *#46*

Léa (@Jenesuispasjoli)

Le regard des autres devient problématique à partir du moment où c'est un regard posé par des personnes auxquelles tu tiens et à qui tu accordes de l'importance. Les personnes qui avaient un regard malveillant envers moi, ce n'étaient pas des personnes à qui j'accordais de l'importance. Leur jugement parlait d'elles, pas de moi. *#13*

Marie Robert

Il faudrait cultiver la joie de l'autre, la joie qu'il arrive des trucs bien aux autres. Plus les gens réussissent, plus il se passe des choses, et plus ça ouvre de terrains. Donc pensons l'inspiration plus que la concurrence. C'est parce que nous faisons des choses différentes que tous ces fragments mis les uns avec les autres permettent de faire société. *#89*

Marc Levy

Je n'ai jamais connu la jalousie. La réussite des autres ne m'a jamais rendu jaloux. Le bonheur des autres m'a toujours rendu heureux. Ça donne une raison d'être. *#85*

Une drôle de société

Il y a les draps qui dépassent et que l'on froisse. Et il y a les draps que l'on repasse et qui s'entassent. Je te laisse deviner ceux que je préfère, mamie.

Matthieu Ricard

On est dans la folie du luxe de trop avoir de choses. C'est un défaut d'harmonie, on n'est plus en harmonie avec la nature. Mais on n'a pas trois planètes à notre disposition.

Il faut freiner cet élan absurde de consommation. Il faut faire mieux qualitativement avec moins quantitativement, donc mener ce que Pierre Rabhi appelait la sobriété heureuse. Qui n'est pas du tout une vie malheureuse. Ce n'est pas se priver de tout ce qui est bon dans l'existence, c'est savoir être heureux sans tout ce superflu dont nous n'avons pas vraiment besoin. *#108*

*

Dans la forêt qui m'a vue grandir, il y avait l'autre jour des machins qu'on appelle des machines. Avec des pelles. Qui coupaient les arbres. On m'a volé toutes les cabanes que j'y avais construites. Et l'insouciance de mon enfance avec elles.

Je ne sais pas d'où vient cette fâcheuse pulsion qu'ont les humains à vouloir ainsi tout posséder. On vit dans une drôle de société, mamie. Tout se craquelle d'abord et puis craque pour de bon. Comme un glacier qui se couvre de stries avant de s'effondrer de tout son long. On vit dans un monde où l'on répond par des gros yeux aux bonjours dans la rue. Un monde où les journaux ont été remplacés par des tablettes. Où avoir des tablettes de chocolat est l'objectif ultime des garçons. Des filles aussi, maintenant. Après avoir des jambes assez fines et des cheveux assez lisses.

*

On vit dans une drôle de société, mamie. Ponctuée d'individualisme forcené, matraquée d'injonctions et d'informations. Le chant des oiseaux est caché par le bruit des moteurs. Alors on met des bouchons dans nos oreilles et on envoie des chants d'oiseaux par ondes Bluetooth. On se parle à soi-même avant de parler aux autres. On ne sait plus parler aux autres. On donne des avis sur tout et sur rien. On croit tout savoir mais on ne sait rien.

Pas vrai qu'on ne sait rien ? Quand on lève les yeux vers l'univers, on a tous le vertige. Mamie, demain sera-t-on des humains ou des machines ? Crois-tu qu'on aura des puces dans nos mains et des numéros au-dessus de nos têtes ? Les voitures voleront-elles ? Est-ce qu'un truc avec du cobalt à l'intérieur saura imiter notre voix et reproduire nos yeux ? Mangera-t-on des steaks de viande produite chimiquement ? Aura-t-on un téléphone dans chaque main et un casque sur les yeux ?

Ce monde va tellement vite, mamie. On parle même d'un métavers. C'est Facebook qui a encore frappé. Je n'ai pas trop compris ce que ça allait être parce que j'ai peur de comprendre alors j'ai refoulé le sujet. C'est souvent comme ça quand on a peur, on refoule. Mais de ce qui m'a échappé, ça serait un monde virtuel où on porterait un casque, un peu comme dans les Sims, mais pour de vrai.

Les gens sont perdus, mamie. Ils ont trop d'informations. Trop à faire, à penser, à dire, à oublier. Dans ce monde, il y a des supermarchés trop grands, on s'entasse dans des wagons de métro, on perd nos heures sur Insta, on se montre à moitié nu sur Internet pour accumuler des likes, on passe en moyenne huit heures par jour sur nos écrans : ça fait vingt-sept années de notre vie.

> **Arthur Auboeuf**
>
> On a tout marketé, tout est un concept marketing, alors que tout n'est pas marketable. *#77*

Tout est devenu trop. Tu ne comprends plus le monde d'aujourd'hui, mamie, tu as perdu le fil depuis que le téléphone n'est plus fixe. Ton monde est maintenant bien loin du nôtre.

Dans ton monde, vous aimiez la pluie et vous marchiez dessous, vous saviez faire du pain au levain et coudre des vêtements, stériliser des bocaux, faire pousser des légumes et planter des arbres fruitiers.

Nous, on ne sait même plus respirer. On oublie souvent de respirer, on vit en apnée. Mais finalement ce n'est pas plus mal de retenir sa respiration parce que l'air est pollué. Il tue près de soixante mille personnes chaque année en France.

Alors on prend des cours de yoga et on achète des livres de développement personnel pour essayer de comprendre ce que c'est, cette paix intérieure. Mais on est largué. On paie un forfait à 70 euros par mois tout en continuant à courir dans la roue du hamster. On attend que les problèmes s'autorésolvent. On attend que l'on nous présente un plan parfait pour s'aligner dans un monde qui tremble. Petit *a*, grand *B*, tiret à la ligne, semaine 1, mois 2, on a appris à suivre les codes et à dérouler les programmes alors, forcément, on ne sait plus écouter notre intuition. Et puis on nous a toujours dit que l'argent était la solution à tout, alors on préfère payer plutôt que se retrouver avec soi, seul, pour affronter ses pensées. C'est plus rassurant de payer et d'attendre qu'on nous dise quoi faire. Pendant ce temps-là, le monde change. Mais quel drôle de monde, mamie. Toi tu ne seras plus là pour le voir, quand il sera tout détraqué, mais ça te fait peur. Tu me dis souvent que tu n'y comprends plus rien et que tout change trop vite. Qu'on devient fou. Moi non plus, je n'en veux pas, de ce monde-là. Ce n'est pas ça la vie. Il faudrait retrouver le goût du silence et le sens de la nuance.

Je veux des paniers en osier dans les mains pour cueillir des framboises. Et je me battrai toute ma vie s'il le faut pour pouvoir encore ramasser des framboises quand j'aurai ton âge. On ne peut pas entrer dans les clous d'un monde que l'on trouve soi-même bancal.

Tu crois que j'ai grandi trop vite, mamie ? C'est peut-être la faute à tes tisanes à la verveine.

Quel regard portes-tu sur nos modèles de société actuels ?

Claudie Haigneré

À 400 kilomètres en orbite autour de la Terre, vous y voyez la vie. Vous voyez cette planète dans sa finitude, vous en voyez la limite, sa très fine couche d'atmosphère qui fait que la vie est possible. On sent la fragilité et la vulnérabilité. On voit aussi les cyclones, les feux de forêt, les pollutions. C'est ce sentiment d'un regard à distance qui fait que l'on se rend compte de l'humanité. On voit la planète, mais la planète, c'est le vaisseau de l'humanité.

On ressent que dans ce monde fini, on est tous interdépendants, connectés. Il n'y a pas de frontières depuis l'espace. La notion de bien commun m'est vraiment apparue comme quelque chose d'essentiel. *#105*

Tim Dup

J'ai un regard sur le monde qui est vraiment le cul entre deux chaises. Mais je trouve que la vie humaine est comme ça, on est toujours tiraillé entre deux choses. Être humain, c'est sans doute essayer de tracer sa route au milieu de ces deux perplexités, et de faire comme on peut. *#14*

La sobriété, juste ça

Je crois qu'on a poussé le bouchon un peu trop loin. Et il ne faut pas « pousser mémé dans les orties », comme on dit. Mais on s'est tous foutus dans les orties.

Certains jours, j'ai envie de tout couper. De partir, loin de toute civilisation. Un carnet, quelques livres, de la nature et des légumes. Si je suis profondément heureuse aujourd'hui, je le serais aussi comme ça. Loin de tout. Proche du vrai.

Non pas que je sois dans le faux aujourd'hui mais, d'une certaine manière, je participe à cette course folle. Je prends des trains, j'achète parfois des baskets neuves parce que je suis trop attachée à la course à pied, je vais au cinéma, je bois du café et je mange des noix de cajou. J'utilise les autoroutes et le béton, je mets parfois un peu de maquillage sur mon visage quand il faut parler aux grands, je dors dans un grand lit et dans une chambre chauffée l'hiver. Je ne dis pas que le monde d'avant était forcément mieux. J'en connais les difficultés. Tu vois bien, mamie, même si souvent je me sens à côté de la plaque et hors système, je participe à la modernité. J'ai des baskets aux pieds et une montre au poignet, moi aussi.

Papa me dit : « On ne peut pas revenir à l'âge de la pierre. » Mais peut-être qu'il faudrait apprendre à être autonome. Comme vous l'étiez. Apprendre à faire des conserves, à les stériliser, à cultiver un potager, à faire de la broderie et à utiliser une machine à coudre. Apprendre ce qui est essentiel, ce qui se perd, ce que l'on oublie de transmettre, trop occupés à gérer nos vies virtuelles. Quand tu me transmets tes petits secrets, mamie, je sens que ça t'apaise. Moi aussi.

Alors je me promets de ne jamais négliger ce temps passé avec toi, d'aller te voir, souvent. Comme pour sauver ces précieux moments que l'on ne prend plus, et pour perpétuer ces traditions qui s'oublient.

*

Je te parle souvent d'écologie et tu ne sais plus quoi me faire à manger maintenant que j'ai arrêté la viande et le poisson. Je t'ai fait découvrir le quinoa et tu trouves ça bon. Tu le cuisines même quand je ne suis pas là. Moi aussi, j'ai l'impression de t'apprendre des choses.

Maintenant, j'hydrate ma peau avec de l'huile, je fais mon dentifrice et ma lessive maison. On m'a dit l'autre jour qu'il fallait mettre sur sa peau ce qu'on pourrait manger. Logique, finalement, puisque notre peau boit. Petit à petit, j'évite le plastique, de tout, partout, comme si c'était devenu un gros mot dans mon vocabulaire. C'est lorsqu'on l'enlève de tous les recoins qu'on réalise à quel point il est omniprésent dans nos vies.

*

J'ai trouvé un sens à ma vie le jour où j'ai arrêté de me réduire à une simple « productrice-consommatrice » de cette société du spectacle. Mettre beaucoup de crème sur ma peau, acheter et acheter encore, quelles chaussettes pour quelles chaussures, la mèche dans quel sens, les poils rasés au millimètre : mon quotidien d'avant. J'ai tout épluché, tout trié, tout repensé, tout balayé, comme on balaie les miettes d'une table. J'ai lissé la traversée de mon existence en la dégageant de tout le superflu, pour penser ma vie sous le spectre de la sobriété. Et mon énergie s'est concentrée sur ce qui comptait vraiment.

L'e.s.s.e.n.t.i.e.l, mamie. Moins d'amis, plus de vrais amis. Moins d'habits, plus de livres. Rien de neuf, plus de valeurs. Dénicher les vieilles pièces cousues main dans les brocantes. Coudre moi-même mes jupes. Avec toi. Du bonheur brut. Je choisis du tissu, et on fabrique. Avec nos mains et ta machine à coudre. Je récupère les vêtements que tu portais quand tu avais mon âge. Ils sont souvent trop grands, mais ce n'est pas grave. Je n'ai plus honte d'être simple ou de paraître différente. J'apprends le moins pour être plus. Et je me sens tellement plus. Maintenant, avoir un potager et des bocaux pour l'hiver devient aussi sexy que d'avoir un jet privé, du caviar et des Louboutin aux pieds. Presque. Pour certains.

J'ai changé ma vie en voulant préserver la vie, mamie. La sobriété me rend plus riche, sereine et libre. Renoncer à la consommation compulsive a été mon plus beau cadeau. Sans ça, mamie, je serais encore prisonnière des conditionnements de la société, encore bloquée dans l'apparat, encore avec mon masque, à jouer un rôle, pour peut-être, un jour, croire que je pourrais être heureuse.

Il ne s'agit plus de vider nos placards pour les remplacer. Mais de les vider tout court. Ce n'est pas un combat, c'est du bon sens.

Aujourd'hui devenu vital, mon engagement me nourrit et me porte, mamie. C'est peut-être un peu grâce à toi.

Frédéric Lenoir

Il faut aller vers la sobriété. Il vaut mieux avoir peu d'amis qu'on connaît bien et qui sont un vrai soutien dans notre vie, que plein d'amis que l'on voit superficiellement et qui flattent notre ego. Il vaut mieux manger moins, mais manger des mets de qualité. C'est la qualité qui apporte le bonheur, pas la quantité. *#37*

Génération Z, génération ZigZag

Je suis de cette génération Z. Tu ne comprends pas bien toutes ces lettres qu'on met derrière le mot « génération ». Ces lettres clivantes qui nous éloignent entre « âgés », « jeunes », « *middle age* ».

Nous, on a le Z. Et le Z est bousculé, mamie. Un coup à droite, un coup à gauche. Est-ce pour ça que le Z a une forme de zigzag ? On ne sait plus sur quel pied danser, mais on sait que la fête sera bientôt finie. On nous parle de crise climatique, de sobriété, tout en nous vendant un bonheur matériel qui s'achète par des likes. On avance à tâtons dans un avenir flou. Se conformer aux tendances pour se sentir appartenir, ou marcher à contre-courant à nos risques et périls ? On ne sait plus.

Nous sommes de plus en plus nombreux à faire le choix du contre-courant. Tellement que, demain, ce contre-courant sera le sens du courant. Ce métro-boulot-dodo, on a compris que c'était un modèle désuet. On a compris que l'on était dans un système construit sur des vérités qui n'étaient pas absolues.

Surtout, on ne veut plus demander au monde d'être quelque chose dont on ne veut pas soi-même. Alors on l'incarne, ce nouveau monde. On se lève. On n'attend pas que tous les voyants soient au vert, que le cadre soit favorable pour changer les paradigmes. On change le cadre, pour le rendre favorable.

On transforme cette conscience en action. On apprend à dire non. Et on ose inventer un nouveau récit. Alors, il y a les « Vous êtes utopiste », « On ne gagne pas sa vie en s'engageant pour le climat », « On a besoin de croissance ». Tu les entends toi aussi, mamie ? Pourquoi parler de « quête de sens » fait autant écho aujourd'hui ?

Ce n'est pas qu'une tendance. C'est une transformation profonde. Et nous sommes de plus en plus à nous transformer pour transformer le monde. Toute notre génération s'éveille. Elle représente encore une minorité, certes, mais demain elle basculera vers la majorité.

Philippe Croizon

« Montrez-nous qu'on a eu tort, et que c'est vous qui avez raison. Allez-y. Vous avez le destin en main. »

Ce que j'aime dans notre époque, c'est que ce qui était impossible une minute auparavant devient possible la minute d'après. N'attendez pas que les gens viennent vers vous, vous allez attendre longtemps. C'est à vous de les provoquer. *#53*

*

Je sais bien, mamie, que nous ne sommes encore qu'une petite poignée à être aussi conscients et engagés. Je m'enferme dans une bulle de personnes éveillées qui pourrait me faire croire que, ça y est, tout le monde est en mouvement. Mais non. Ce n'est pas la majorité. Loin de là. Je sais bien.

En revanche, je comprends que montrer une autre voie, inventer un nouveau récit enviable pour fédérer entraîne véritablement les gens. Je comprends que le jugement et la colère sont improductifs et représentent une perte d'énergie. Ils me vident et me ruinent. Je comprends surtout qu'il n'y a rien de plus impactant et de plus puissant que d'incarner nos mots en montrant l'exemple au quotidien.

Tu te souviens, il y a trois ans, quand je t'ai dit que j'étais végétarienne ? J'ai été confrontée à tous les clichés imaginables. « Tu vas être carencée » ; « On est faits pour manger de la viande ! » ; « C'est trop extrémiste » ; « Ahah, tu ne tiendras pas sur la durée » ; « Attends d'être face à une belle entrecôte et tu verras ! » ; « Tu devrais faire attention pour ta santé. »

Quand j'ai arrêté d'incendier papa pour qu'il limite sa consommation de viande et que je lui ai proposé des plats végétariens, là, il a changé. Au début, il était réticent. Aujourd'hui, il aime ça. Il a réduit par deux sa consommation de viande. Plus encore, il défend mon choix auprès de ses amis : « Mais vous savez, elle a raison. La viande, il va falloir diminuer. On pourrait organiser un dîner végétarien ? Comme ça vous verrez que c'est vachement bon ce qu'elle fait ! » Il a quand même gardé le mot « vache » dans vachement, mais il a dit que c'était bon.

C'est pareil pour maman. Le jour où j'ai arrêté de vouloir la sauver, elle s'est relevée. J'ai tenté pendant des années de lui faire lire du Christophe André, *Les Quatre Accords toltèques*[1] de Miguel Ruiz, Eckhart Tolle et son *Pouvoir du moment présent*[2], j'ai tout essayé. Elle ne voulait rien entendre, rien lire, rien voir. Et puis, un jour, elle a écouté Conrad sur mon podcast. Elle a ouvert la porte par elle-même. Pour ne plus la refermer. Là encore, j'ai compris qu'on ne pouvait rien forcer, chez personne.

Il faudrait simplement laisser des portes entrouvertes. Ça suffit pour insuffler le changement.

---

1. *Miguel Ruiz,* Les Quatre Accords toltèques, *Saint-Julien-en-Génévois, Jouvence, 1999.*

2. *Eckhart Tolle,* Le Pouvoir du moment présent, *Saint-Sauveur, Canada, Ariane Éditions, 2000.*

Raphaël de Casabianca

Je suis toujours très admiratif de ceux qui portent des idéaux, qui veulent changer la donne, qui ont conscience. Ils ébranlent la société. *#84*

Pablo Servigne

Il y a beaucoup de jeunes qui sont beaucoup plus adultes que les adultes d'aujourd'hui, et ça me remplit d'enthousiasme. Je sens que l'air du temps est en train de changer. On peut faire un grand virage vers une catastrophe, autant qu'on peut prendre un virage vers quelque chose d'un peu meilleur. L'avenir est en train de s'ouvrir. *#14*

*

Tu sais que j'aime beaucoup regarder la maison des gens, mamie. Mais j'aime beaucoup trop de choses. Et c'est peut-être aussi un déséquilibre que de mettre des « trop » dans toutes ces choses que j'aime. Tous ces « trop » me donnent le vertige tant ils sont obsessionnels et je ne sais pas comment gérer cette obsession en toute chose.

Récemment, j'ai pris goût au cinéma. Avec le sport et la lecture, ça aussi me fait m'échapper du quotidien. J'ai toujours envie de devenir actrice un jour, tu sais. Comment on fait pour apprivoiser le vertige de toutes ces envies qui m'habitent ? C'est pour ça que je vis aussi fort.

J'écoutais hier l'interview de Line Renaud sur le podcast « Femmes puissantes »[1]. Léa Salamé lui demandait quel était son plus grand défaut, elle a dit : « J'aime trop la vie, et c'est un défaut. » Comme je l'ai comprise. J'ai voulu la remercier. Parce que le problème des gens qui vivent trop fort est qu'ils mangent des bouts de nuits.

Mais c'est la faute de la vie, mamie, elle nous nargue tout le temps. Avec ses arbres fruitiers partout, moi j'ai envie de goûter à tout. Alors je bois plus de café, je touche plus mes cheveux et j'ai plus de plis sous les yeux. Que des « plus » qui traduisent un trop-plein de passions et un manque de sommeil.

Parfois, j'ai un désir fou de tout fermer, de tout couper, de prendre le large, de dire au revoir vous ne me connaissez plus, de ne rencontrer que ceux qui ne m'ont jamais vue, d'aller me retrouver à vide et à nu.

J'ai un désir fou d'annuler tous mes rendez-vous d'aujourd'hui, de me rendre à la gare et de prendre un billet sans retour vers une destination prise au hasard, le prochain train qui part, hop, tant pis si je n'ai pas assez de culottes d'avance dans mon sac, je pars.

---

1. *Entretien de Line Renaud avec Léa Salamé pour le podcast « Femmes puissantes » du 28 août 2021, sur France Inter.*

Paul Pyronnet

Plus il y a de stimulations autour de nous, plus il est important d'apprendre à se définir intérieurement. *#73*

Le temps long sur un voilier

L'écoute est devenue une chose rare. La plus belle qualité que l'on puisse mettre au service de quelqu'un. Une écoute présente et attentive de l'autre. Et du monde. Une écoute qui ne soit pas hachée par les *ting* des téléphones, les pensées parasites, le mental qui décroche et l'ego qui envahit.

Saviez-vous vous ennuyer avant, mamie ? Dans nos vies, maintenant, le vide est devenu obsolète. On court après un temps qui nous échappe, et quand on l'a, ce temps, c'est nous qui lui échappons. Nos vies sont des paradoxes. C'est pour ça que tant de gens écrivent des livres.

Alors je ne sais pas si, vraiment, nos vies passent trop vite, ou si c'est nous qui fuyons la lenteur. C'est tellement inconfortable de l'accueillir, ce vide. La navigation permet cette chose immense et essentielle, celle de l'inévitable plongée dans le grand tout. Cet immense vide, pourtant rempli de tout ce que nous passons nos vies à chercher.

Tu sais, de plus en plus, dans les magazines de psychologie, on prône l'importance de désemplir nos vies, d'accueillir le rien. On en parle, on le sait, mais on ne le fait pas. Il y a toujours une différence entre ce que l'on sait, nos belles intentions, et la réalité, le passage à l'action. Avoir du temps déstabilise. Faire face au vide vertigineux qu'ouvrent les pensées quand on les accueille déstabilise. Le vertige du rien réveille ce qui est enfoui, refoulé, nié, mis en sourdine par nos quotidiens. Ce réveil, si inconfortable soit-il, vaut pourtant toute la richesse du monde.

*

Le temps d'une semaine, j'ai appris à naviguer avec plusieurs femmes engagées dans le cadre de l'« Odyssée des possibles », une initiative de Women for Sea qui vise à porter la voix des femmes en mer. Sur ce voilier, j'ai touché à l'inspiration profonde en m'extirpant de mon quotidien. Le bateau faisait la course avec les nuages. Et moi, je m'allongeais des heures sur le petit filet pour les regarder défiler.

Il aura fallu me couper du monde pour me sentir si vivement présente à lui. Parfaitement alignée, vivante, éveillée, sensible, innocente, fragile et en même temps tellement forte. Le vide offre cette vertigineuse sensation de la vie qui serre le corps tout entier, si fort. Je comprends que l'immobilité du cerveau est une chose extraordinaire. Ces longues heures de méditation sur le bateau ont lavé puis réveillé tous mes sens. C'était un souffle d'immensité dans l'introspection prononcée.

Sur ce voilier pendant sept jours, je suis revenue à l'état brut et sauvage des choses. Et de moi-même. Je n'ai plus pris de douche, et je me suis pourtant sentie très propre. Lavée par le dehors. Rincée par la mer. Mes vêtements humides et sales, je ne me suis jamais sentie aussi bien dedans. Ils avaient l'odeur de la liberté, de la mer et de la terre fraîche.

*

J'ai touché du doigt l'harmonie parfaite avec un masque et un tuba. J'ai appris un monde immense, celui qui vit sous nos pieds. J'ai appris tout un langage, la grand-voile, le génois, les écoutes, les drisses, border, choquer. J'ai appris à lire la mer et à écouter le vent. J'ai appris à faire corps avec l'eau en tenant la barre d'un bateau. J'ai appris à cuisiner avec des casseroles qui décollent. J'ai appris la distorsion du temps, jusqu'à m'hypnotiser avec les rides de l'eau. J'ai appris l'immensité de cette vie qui me dépasse. J'ai appris le temps en m'en dépossédant.

*

Sur ce voilier, j'étais si légère. Comme ivre de nature, sous l'effet de shots cul sec de mer salée. C'est un état second qui ne se décrit pas tant il est fort. Ni droguée ni bourrée, simplement vivante à vif.

Après toutes ces journées de téléphone en mode avion, j'ai eu peur de retrouver ma vie. Peur de perdre cet état de parfait alignement. Il est précieux et si fragile. Le monde moderne allait tout faire pour me le voler, je le savais.

En posant les pieds à terre, je me suis sentie parfaitement sauvage, rebelle, inadaptée au béton. Je me suis reconnue étrangère à ce monde moderne. Comme spectatrice d'une pièce de théâtre qui m'échappe et dont j'ai perdu les codes.

*

Retrouver l'autre vie m'a alors paru très violent. Tout était décuplé, l'odeur de la pollution, la foule qui bouscule, les couleurs qui volent l'attention, le bruit des klaxons qui agresse. Je me suis demandé comment l'homme avait pu devenir assez fou pour supporter la violence des villes. Il aura fallu m'imposer l'immobilité sur un voilier pour comprendre que ce monde moderne n'était pas compatible avec mon épanouissement profond. Qu'il ne l'était d'ailleurs pour personne.

Les arbres aux feuilles vertes et brillantes sont entourés de maisons mal proportionnées, où vivent des gens qui ne savent plus regarder une seule de ces feuilles. Mais ils gagnent de l'argent, vont au bureau, boivent, font des enfants et mangent beaucoup trop. Drôle de société, mamie, qui ne sait plus regarder la vie. Seul un cerveau sensible, attentif et absolument tranquille peut vraiment observer les feuilles. Et les étoiles.

Plus je m'entoure de nature, plus je deviens rebelle. Insolente liberté. Ne dis jamais à la vie et à mes envies de se taire, mamie.

Je dormirai quand je serai grande.

La course à pied est une philosophie

Je suis en Ardèche pour un mois. Je t'en parlerai plus tard, de mes colocations aux quatre coins de la France. De ce mode de vie quelque peu atypique. Ici, en Ardèche, je m'astreins à une fine discipline. Celle de l'écriture, tous les matins. Et de la course à pied, presque tous les jours.

J'ai constitué une bulle tout autour de moi. J'en oublie presque l'heure des repas. Sauf celle de mon porridge du matin. J'oublie de répondre aux messages et j'oublie de t'appeler, mamie. Mon temps d'écran est descendu à moins d'une heure par jour. J'oublie tout le reste, parce que écrire et courir nécessitent toute mon attention. C'est beau et poétique de s'oublier ainsi dans une activité, une passion, quelque chose qui fige le cadran d'une montre. Je me lève très tôt le matin, j'ouvre l'ordinateur, j'écris et j'écris. Puis je prends mes baskets, je vais courir et courir. Je bois de l'eau chaude pour ne pas consommer trop de café. Je lis le soir, et je m'endors sur les podcasts des Baladeurs[1].

Écrire, lire et courir. Trois choses qui m'accompagnent partout, tout le temps, comme des points de repère qui me permettent de déposer mes racines où que je sois. Et de m'y sentir bien.

Quand j'écris et quand je cours, je trouve ma place. Et comme j'écris et comme je cours partout, j'ai la possibilité de trouver mon centre partout. Ça aussi, c'est peut-être un versant de la liberté : l'écriture et la course m'aident à être plus libre encore.

Il y a toujours des phares dans la nuit. Il s'agit de les identifier et de nous en saisir.

*

1. *« Les Baladeurs » par le média* Les Others.

J'ai commencé à courir un peu et puis beaucoup, après avoir arrêté la danse. C'était radical, c'était violent, de ne plus passer huit heures sur du parquet à affiner mes pointes. Je commençais mes études à Bordeaux, il fallait payer mon loyer et mes trajets en train. Même si je rentrais souvent à la maison le week-end, même si je revenais le dimanche soir le sac plein de provisions pour la semaine, je devais faire attention à mon argent.

J'ai beaucoup appris sur la valeur des choses. J'ai mis une croix sur la danse et tous ces « à-côtés » qui débordaient de mes économies. Les baby-sittings, les « extras » en restauration le week-end et les saisons l'été, ça permettait l'essentiel, mais pas plus.

C'est comme ça que mes baskets ont remplacé mes pointes. Le sport est une belle addiction qui ne prévient pas. Tu commences un peu, puis encore, et tout ton corps le réclame.

*

Hop, j'enfile mes baskets, et je plonge en moi. Mes baskets peuvent me suivre partout, et mes jambes n'ont pas à attendre un abonnement mensuel pour gambader. Alors je cours, partout, souvent, de plus en plus ; c'est comme une drogue qui me permet de renouer avec moi-même.

Je ne sais pas bien ce qui me pousse à faire défiler tous ces kilomètres, mamie. Je sais encore moins ce qui m'a pris, ce 1er janvier. Encore de ces élans farfelus qui me font dire plus tard : « Qu'est-ce que tu as encore fait ? »

Ce 1er janvier, je me suis levée avec une intention : « Cette année, on vit à fond. » Et pourquoi pas un marathon ? Où ? Biarritz, c'était évident. Je me suis inscrite et c'est après que j'ai lu : « L'une des courses les plus difficiles, avec ses 540 mètres de dénivelé. »

Préparer ce marathon est une façon de répondre à ceux qui me disent que je cours trop. Maintenant, je n'ai plus à tenter d'expliquer pourquoi la course me sauve, je réponds simplement : « Je prépare un marathon. »

*

Marie Robert a dit sur Nouvel Œil que l'autodiscipline permettait de trouver des repères dans le tumulte de l'existence. C'est se donner un cadre à soi-même. Personne ne te force, il n'y a que toi, et toi seule, qui détermines cela.

Je comprends que je suis seule derrière la définition de ce cadre. Préparer un marathon nécessite une grande discipline. Je vais courir un jour sur deux, j'allonge petit à petit les foulées en même temps que les distances, j'apprends à faire mes sorties longues des écouteurs sur les oreilles, pour me créer une bulle. J'enchaîne les podcasts de « Femmes puissantes », et le temps s'arrête. Au début, ça tire, au début, je n'ai pas envie, et puis après, plus rien ne me retient, le temps se délite et s'effile.

Si une transformation intérieure s'est opérée à la pratique intensive du sport, elle est aussi très vite devenue visible physiquement. J'ai perdu dix kilos en un an et ça a surpris tout le monde. Plus j'allonge les distances, plus mon poids diminue. J'ai dû ajouter un trou à ma ceinture pour faire tenir ton pantalon noir, mamie. Même la bague que tu m'as donnée commence à glisser sur mon doigt.

Tu me dis que mes joues se sont trop creusées, mamie, mais, tu sais, jamais je ne me suis autant sentie habiter mon corps. Il est vif. Réactif. Musclé. Vivant. Je ne ressens plus cet engourdissement léthargique qui endormait mes sens. Je vois mes muscles se renforcer et mon mental s'endurcir.

Inévitablement, pour maintenir la forme physique que nécessite la préparation d'une course, j'ai appris à manger. Oui, on oublie souvent d'apprendre à manger. J'ai compris que tout ce que je mettais dans mon corps avait un impact direct sur mon état physique. J'ai drastiquement limité le sucre et les grignotages d'entre-repas, j'ai augmenté les quantités de graines, de fibres, de légumes et de protéines végétales dans tous mes plats.

J'ai remis de la conscience dans tout ce qui compose mon assiette. Sa provenance, sa composition, son impact sur mon corps, l'attention que je porte à la mise en bouche. Tu vois, mamie, tu me disais toujours que je mangeais trop vite. Maintenant, je termine mon assiette après toi. J'ai appris à manger en pleine conscience. Ça en fait rire certains. Et pourtant. On oublie trop souvent la chance que l'on a de goûter chaque jour à ces saveurs. Le monde serait bien différent si l'on apprenait à tout faire en pleine conscience. La lessive, les trajets, les conversations, les tresses et la vie. Tout, en pleine conscience.

J'ai compris que l'on mangeait trop et je m'en suis voulu en pensant aux Indiens qui n'avaient que du riz et des naans un repas sur deux. Je comprends bien que toutes ces choses sucrées à notre portée nous font envie. Mais on se goinfre. Il en est de même pour les smartphones et les nouvelles robes : c'est compulsif. Autant de « trop » qui caractérisent nos sociétés modernes. Je sais que ce livre risque de déranger, mamie. Mais c'est ce que je pense. Et je n'ai plus peur de déranger.

*

Je me suis posé la question d'un éventuel trouble alimentaire. Enfin, c'est les autres qui ont fini par me questionner. Parce que, quand tu arrêtes le sucre, la viande et l'alcool, on te demande pourquoi, on te dit que quelque chose cloche, que t'as un problème.

Il en est ainsi pour tout le reste. Quand tu changes tes habitudes, quand tu casses la chaîne du conformisme, on t'étiquette avec les mots « bizarre », « anormal », « attention ».

Cette aversion pour la différence et au changement limite toute transition. Pour l'écologie, c'est pareil, mamie. Ce n'est pas un trouble alimentaire que d'accorder une grande attention au carburant qui nous fait avancer. C'est au contraire très sain. C'est une preuve d'amour de soi. Une façon de remercier notre corps et de le chérir. Le trouble est plutôt de s'empiffrer de sucre compulsivement, de s'anesthésier avec de l'alcool, des clopes, des Subway, des gâteaux sous plastique et autres trucs très alléchants pourtant.

Je comprends alors que préparer ce marathon est un mode de vie. C'est une reconnexion à moi-même, à mes ressentis, au langage de mon corps. J'apprends à écouter mes besoins. C'est une confiance qui se tisse de moi à moi et pour moi.

Arriver à faire cohabiter discipline et plaisir, c'est un état d'esprit. Le mental est un muscle qui exige autant d'attention que la préparation physique, alors je travaille tous les jours à le renforcer.

Frédéric Lopez

95 % des gens qui vivent sur cette planète sont plus doux avec les autres qu'avec eux-mêmes. L'autocompassion, c'est apprendre à se traiter soi-même comme on traiterait son meilleur ami. *#65*

*

J'ai toujours besoin d'un temps de latence avant d'arriver à m'abandonner pleinement à l'écriture et à la course. Quand je me lance pour trois heures d'écriture et que j'ouvre une page blanche, je me dis que jamais je ne resterai concentrée sur les mots tout ce temps. Le premier mot est toujours le plus difficile. Après, ça défile, ça coule, ça m'échappe, ça dérape souvent et le temps s'envole. Tout ce qui est de l'ordre du début, du commencement, d'une première fois, d'une première lettre, nécessite un effort.

Peut-être que c'est l'heure du *slash* et du tout vite tout de suite qui a réduit ma capacité de concentration. On ne sait plus toucher au temps long, mamie. Avec les notifications qui bipent partout, je suis moins concentrée qu'avant. Ce serait me mentir que de ne pas l'avouer. Être présente dans une conversation, dans une lecture, dans une quelconque activité, tout me demande un effort de concentration disproportionné. Pourtant, chaque fois que j'écris et que je cours, le temps change de dimension. Les lignes m'échappent et les kilomètres défilent sous mes jambes. Je ne sais pas ce qu'il se passe exactement, mais je pourrai dire à ce garçon que j'ai trouvé comment coucher le sablier du temps qui passe. Tu sais, c'est le garçon aux yeux dans lesquels on voit la terre. J'ai couru 33 kilomètres hier.

Je souhaite à tout le monde de trouver ce quelque chose qui fait coucher le sablier. C'est dans cet espace-là que se fait le détachement au regard des autres.

Toi, mamie, tu couches le sablier en faisant pousser des fleurs et en en brodant sur des t-shirts.

Chapitre 3

Vivre, en société

J'ai changé ma vie en voulant préserver la vie.

J'AI LAISSÉ UN MOT dans le train ce matin : « Avant que le monde ne se délite, il reste peut-être l'art pour éveiller les consciences. »

L'après-midi, j'ai reçu un message : « Je ne sais pas comment interpréter l'adage qui m'a été donné à méditer… J'ai été troublé. Sur le fond, oui, peut-être que l'art peut jouer un rôle. Ça mérite d'être discuté. » Et il a signé avec son prénom.

On s'est rencontrés à 19 h 30 quelques semaines après, un samedi soir. Autour d'une pizza. La meilleure que j'aie jamais mangée. Je voulais celle à la truffe, mais il y avait du jambon dedans. J'ai dit au cuisinier que je voulais celle à la truffe, mais avec des légumes. Il m'a dit d'accord, fais-moi confiance. C'était la meilleure de toutes les pizzas. Il faudrait la mettre sur la carte. Les gens mangeraient alors moins de viande.

Le temps de manger cette pizza, il était 23 h 30. Quatre heures pour manger une pizza. Et je n'ai pas vu le temps passer. Il ne restait plus que nous à table et tout était rangé. On n'avait rien vu.

Il y a des instants qui nous échappent. Des moments où le temps s'arrête. On ne peut rien contre les énergies et les connexions. Il en est ainsi.

Les bouts de papier détrôneront toujours Tinder. Et Instagram.

Du cobalt dans nos mains

C'est quand même étrange que le soleil revienne tous les matins. On a banalisé les aurores, mais c'est quand même une chose curieuse.

Mamie, vous faisiez quoi au réveil, vous ? Est-ce que vous étiez émerveillés par le soleil qui pointe le bout de son nez ? Nous, on ne le regarde pas se lever mais on se lève un téléphone dans la main. Et on le filme quand il se couche, toujours à travers nos téléphones. D'ailleurs, on regarde nos vies entières à travers des téléphones. C'est un peu devenu une troisième main, un troisième œil, un deuxième nous. Les téléphones ont bien évolué, mamie, il est loin le fil qui nous retenait à eux. Je crois qu'ils appellent ça le progrès. Ils ont remplacé le clapet et les touches par un écran tactile qui rentre à peine dans nos poches. Le fil à zigzag a été remplacé par le Bluetooth.

Cette petite chose nous aliène, je crois. On aurait mieux fait de le laisser accroché à un fil. Parce que à le laisser traîner dans nos poches, il nous rend aveugles à la beauté intrinsèque de ce qui est.

Tu sais, au lycée, ma prof de SVT nous avait demandé de lever la main si on avait un téléphone.

J'étais la seule à avoir laissé mes doigts sur mon cahier. Tout le monde en avait un. Elle a dit : « Souvenez-vous toujours que vous avez comme du poison dans votre poche. » Je m'étais alors sentie moins nulle de ne pas avoir de cobalt entre les mains. Je m'en suis toujours souvenue. Mais, un jour, c'était devenu inévitable, il en fallait un. Maintenant, je ne sais plus vivre sans.

*

Moi aussi je suis droguée, mamie. Je m'en veux parce que je donne des conférences dans les écoles pour sensibiliser à l'utilisation du téléphone, et je suis moi-même dépendante. C'est paradoxal. J'ai bien arrêté de le regarder le matin, mais il comble encore un vide. Des vides.

Le téléphone. L'ouvrir est presque machinal. Automatique. C'est une bouée de sauvetage empoisonnée ; qui me fait couler encore plus. Je cultive cette FOMO (*fear of missing out*), soit la peur de louper quelque chose. « Quoi ? Tu ne vas pas à tel *event* ce soir ? Mais il y aura untel, et d'autres y vont. Il “faut” y aller. »

Alors je m'éparpille, je perds encore plus l'inspiration et la motivation. Avec elles, s'envolent aussi la confiance, et le temps. Surtout le temps. Ce *slash* me fatigue. Il nous fatigue tous. On est fatigué d'être drogué, mamie.

Frédéric Lenoir

Pour moi, les réseaux sociaux ce n'est ni positif, ni négatif. Tout dépend de l'usage qu'on en fait, de la manière dont on les utilise. Ce qui m'inquiète un petit peu, c'est que je vois énormément de jeunes qui passent plusieurs heures par jour devant les écrans. Je trouve ça dommage, parce que le cerveau humain est saturé. Ça crée une addiction et c'est du temps en moins que l'on passe de l'autre côté, avec ses vrais amis, à faire des choses, à regarder la nature, à se promener, à écouter de la musique, à lire des livres. Le temps passé sur les réseaux nous apporte du plaisir immédiat, mais ça nous empêche d'aller vers des joies plus profondes. *#37*

J'ai coupé le téléphone quarante-huit heures ce week-end. Je trouve ça triste à dire, mais c'était dur. Combien de fois ai-je été tentée d'enlever le mode avion, juste pour deux minutes ? Les parents qui disaient à leurs enfants de poser leur téléphone à 20 heures sont eux-mêmes noyés par cette drogue en intraveineuse. Maintenant, c'est moi qui dis à maman : « Pas de téléphone à table. » Les rôles sont inversés, mais on est tous tombés dans le piège.

Ils sont trop forts pour nous doper à ça, les Musk, les Niel, les Zuckerberg, les Pichai. Pourquoi eux-mêmes interdisent-ils les écrans à leurs enfants ? C'est bien qu'il y a un danger. Pourtant, nos vies sont dessus et on s'y accroche.

Quand je te vois lire le journal pendant une heure sans disperser ton attention, mamie, ça m'impressionne. Je ne sais plus faire ça, ou si, mais ça me demande un effort considérable. Je commence un article et cinq minutes après, j'ai peur de louper un message ou un mail. Ces sollicitations numériques sont comme un brouillard permanent en arrière-plan. Qui ne me lâche jamais vraiment.

Le téléphone « gruyérise » mon temps et saccade mes journées. Il vient râper mon attention comme du fromage, mamie.

Bruno Patino

On vit tous ce paradoxe d'être à la fois en demande profonde de temps et utilisateurs d'outils dont le modèle économique pousse à nous sursolliciter en permanence.

Quand la technologie de l'alerte est arrivée, je me souviens très bien du prestataire technique qui nous disait : « S'il vous plaît, pas plus d'une alerte par semaine, parce que, sinon, les gens vont se sentir agressés, envahis dans leur espace intime, et ils décrocheront. »

Aujourd'hui, on reçoit quarante-six alertes par jour. On s'est accoutumés à être sursollicités en permanence. C'est le paradoxe de nos vies. *#98*

On est hypnotisé par les réseaux sociaux. Dans l'essai de Bruno Patino, *La Civilisation du poisson rouge*[1], les ingénieurs de Google ont calculé que la durée maximale d'attention d'un poisson rouge était de huit secondes, et ils ont évalué à neuf secondes la durée d'attention de ma génération. Neuf secondes.

Avec la concentration, s'en va aussi notre capacité d'écoute. Je crois qu'on ne sait plus écouter, mamie. On entend, vaguement, mais on ne s'écoute plus. On préfère le *buzz* et le *clash* à l'écoute. On parle de tout sans rien y connaître. Gérald Garutti dit qu'on parle de plus en plus, mais qu'on se parle de moins en moins. J'ai lu ça dans un article du journal *Le 1*. C'est Maxime qui me l'a prêté dans le train.

Maxime est de ces garçons qui mettent toutes les filles d'accord : il est beau. Tu le croises dans la rue, et tu regardes tes amies en acquiesçant. Aucune ne dit : « Ce n'est pas mon style. » Après, tu vas voir son profil sur Instagram. Voilà comment font « les jeun's » aujourd'hui, mamie. On croise quelqu'un puis on va le *stalker*. On regarde vicieusement s'il voit nos *stories*, on publie des choses « en fonction de » parce qu'il « pensera que ». C'est un remue-ménage dans la tête, je ne te raconte pas.

Maxime doit faire tomber et *scroller* beaucoup de filles, des kilomètres de fil d'actualité à elles toutes, mais il reste humble. Je ne sais pas si, vraiment, il sait qu'il est beau. Et puis, je ne le connais pas. Je l'ai croisé dans la rue avec Mathilde, on s'est regardées en se disant : « Ah oui, il est beau. » Elle m'a dit : « Va lui parler. » Je n'ai pas osé, je suis montée à l'appartement mettre mes baskets pour courir.

1. *Bruno Patino,* La Civilisation du poisson rouge. Petit traité sur le marché de l'attention, *Paris, Grasset, 2019.*

Quand je suis descendue, il était là, dans le salon. « Salut, moi c'est Max ! Je suis le troisième coloc, je passe quatre jours ici. Avec les grèves de train, je ne peux plus rentrer. »

J'ai étiré ma pause déjeuner jusqu'à 16 heures pour regarder un documentaire sur la reconstruction de la cathédrale Notre-Dame avec lui. On a parlé d'Alain Bashung et je me suis dit que ce garçon était curieux. Comme le soleil qui se lève tous les matins.

Mais revenons à nos moutons. Les réseaux sociaux. Avec la concentration et l'écoute, ils volent aussi l'instant à saisir. On entend des *ting* et des vibrations sur les tables ou dans nos poches, partout, tout le temps. Les boucles de discussion sur Whatsapp, Facebook, Insta, partout, se multiplient. Mais toute cette attention qui nous échappe, qu'on nous vole, c'est notre temps, mamie. On le dilapide. On peine à être pleinement présent dans l'instant. On n'a plus des yeux avec des pupilles, on a des objectifs brouillés de cobalt.

Un jour je t'amènerai à un concert et, tu verras, avec tes yeux, qu'il y a plus de téléphones levés que d'yeux qui regardent. D'ailleurs, j'ai été voir Macklemore l'autre soir. Même si la moitié du public n'a pas compris, parce que c'était dit en anglais, le message était beau. Traduit, ça donnait ça : « Rangez vos putains de téléphones. Je ne veux pas voir des flashs, je veux voir vos visages heureux d'être là. On vit ce moment ensemble et pour nous. Les autres n'ont pas besoin de le vivre par procuration. Dans vos poches, les téléphones. » Le message était passé, avec une puissance mêlée à une grande nostalgie des concerts qui n'étaient pas encore pollués par les écrans.

Les gens filment et photographient ce qu'ils vivent avant même de le vivre, il en est ainsi maintenant, mamie. On pourrait croire que c'est une mauvaise blague, le scénario d'un film de science-fiction de ton époque. Mais c'est notre époque à nous.

Lauren Bastide

Ces outils sont essentiels pour faire passer des idées, mais il faut connaître les mécanismes d'addiction que ça engendre et s'en servir consciemment. Ça libère plusieurs heures par jour pour lire, aller au cinéma, échanger avec des gens. La vraie vie quoi.

On peut croire que, quand on n'est pas sur les réseaux sociaux, on perd le contact avec l'actualité, mais non. Il y a beaucoup de façons de rester très bien informé. *#90*

Flore Vasseur

La transition numérique, c'est un avatar du capitalisme. Elle facilite des élans consommatoires en t'assaillant de pubs, elle pénètre ton cerveau en te disant quoi dire, quoi faire, quoi acheter, et elle facilite tes transactions. C'est la pieuvre sur nos cerveaux, c'est une drogue. Les sursauts de dopamine, quand on clique sur quelque chose, on les connaît tous. *#51*

*

Je ne sais pas si c'est le trop d'assistance, Deliveroo, Uber, ChatGPT, les tartiflettes sous plastique, les infos en trente secondes, les livres électroniques, les boîtes automatiques et autres symboles de la « modernité ». Je ne sais pas. Mais j'ai le sentiment que l'on se fait tous emporter par une certaine flemme du quotidien. Une léthargie qui nous endort. Une forme de procrastination récurrente qui nous enlise. Tout nous semble à portée de main, alors pourquoi faire avancer ses pieds ? EasyJet remplace les pédales. Netflix remplace les salles de cinéma. Les cachetons remplacent le sport. Les téléphones remplacent les humains.

J'ai le sentiment que le goût du moindre effort est ce qu'on appelle « le progrès ». On s'est vraiment planté sur cette notion de progrès, mamie.

Vous, vous semiez la vie. Les mains dans la terre, au plus proche du vrai. Vous teniez des brouettes dans vos mains, un béret sur la tête. On appelle ça l'« ancien monde ».

*

Christophe André

Quand on a rendez-vous avec un ami, on arrive, on s'assied, et au lieu de regarder passer les gens sur la terrasse, on prend notre téléphone pour *scroller* sur les réseaux sociaux. C'est devenu un acte qui a pris le dessus sur nous. La vie intérieure a été phagocytée par ce que nous proposent les écrans. *#104*

Lauren Bastide

Je fais des pauses pendant lesquelles je coupe au moins deux mois. Pour se désintoxiquer, il faut le faire sur une certaine période. C'est assez impressionnant de voir à quel point mon niveau d'anxiété diminue au bout d'un mois sans réseaux sociaux. *#90*

Mamie, j'ai trouvé la plus belle façon de *hacker* les réseaux sociaux : m'allonger dans l'herbe pendant une heure, écouter les oiseaux chanter et regarder les nuages défiler. Comme ça, je retrouve concentration, écoute et saisie de l'instant. Détox naturelle. Sans patch, ni médoc, rien. De la nature. C'est tout.

Plus j'avance, plus je comprends que les moments où je me sens vraiment moi, vraiment bien, sont loin des écrans. Prendre du recul sur les réseaux sociaux est essentiel pour me préserver, pour garder mon alignement, ma joie, et surtout, surtout, surtout, ma capacité d'émerveillement. Alors j'ai fait un potager. Prendre soin de ce potager, c'est prendre soin de moi. Je trouve mon équilibre comme ça, en étant dans le mouvement et en revenant m'ancrer dans ce qui me nourrit, ce que je connais, ce qui m'a vue grandir.

J'enlève souvent mes chaussures et je pars marcher, pieds nus, dans la forêt. J'ai appris à éviter Instagram autant que les ronces. Parce que la vie vaut plus que des likes.

Fabrice Midal

Pour arrêter d'être manipulés par les réseaux sociaux et la pression sociale, pour se défendre, il faut une arme. Cette arme, c'est la méditation. On se pose et on arrête d'être prisonniers de toutes ces injonctions qui nous écrasent. *#97*

Bruno Patino

Marcher les yeux vers le ciel, plutôt que vers son écran.

Il n'y a jamais eu autant de demandes de méditation dans nos sociétés que depuis que nous sommes hyperconnectés. Il y a une corrélation extrêmement forte. *#98*

Ça se réchauffe, ça se détraque

Janvier 2023.

Aujourd'hui, le dernier rapport du GIEC est sorti, mamie.

J'ai passé quarante-huit heures à Paris. C'est peu, mais c'est déjà trop. Loin des arbres, je me sens loin de moi : la capitale me vide de toute énergie. Les sirènes, les passages piétons qui bousculent, l'air qui pique le nez, le ciel jauni, les devantures de magasins qui me font me sentir moche tellement tout est beau, les gens qui courent.

Souvent, je me mets en retrait et j'observe les gens vivre, mamie. L'observation, encore et encore. Spectatrice d'un mauvais film de science-fiction remasterisé en 5D. Je regarde le temps passer, la vie s'écouler, les entrées et les sorties des magasins. Il y a de la beauté à l'intérieur de cette observation. Et aussi, et surtout, du drame.

Paris était en feu hier, des poubelles étalées partout dans les rues. Non pas que l'on ait peur d'une planète qui brûle, mais parce que la société est en colère. Et le monde gronde. Le monde n'est plus adapté à cette société, mamie. Il ne l'a d'ailleurs jamais été. On a tenté de prolonger le jeu encore un peu, de replacer les marionnettes au maximum : le curseur des retraites par-ci, l'augmentation des impôts par-là, mais on a déplacé tous les pions et c'est échec et mat. Il faut changer de jeu de société, mamie. Tout part en vrille. Tout craque, tout déraille.

*

7h27, il fait encore nuit dehors et je me suis levée très tôt pour attraper ce train-là. « En voyageant avec les trains SNCF, vous contribuez à la préservation de notre planète, merci pour elle. » Vous aussi, on vous disait ça dans les trains, mamie ? Ça y est, tu crois que tout le monde est au courant que le monde n'a plus de courant ? Je voudrais crier au monde entier qu'il y a urgence, mais j'ai le sentiment qu'on a inversé les rôles. C'est aux enfants d'éduquer les adultes. Encore.

Enfant, j'ai compris que c'était grave quand j'ai demandé à maman et à papa comment on allait faire pour s'en sortir. Ils n'ont pas su me répondre. Plus tard, j'ai compris que personne ne savait. Certains tâtonnent ou croient savoir. Mais dans le fond, personne ne sait. Le jour où j'ai mesuré l'ampleur de cet inconnu, j'ai compris que c'était grave.

Pourquoi ignorons-nous massivement à quel point notre mode de vie ruine la planète ? Où sont les verrouillages ? Pourquoi ce qui nous semble évident reste invisibilisé pour d'autres ? Qu'est-ce qu'on attend pour s'intéresser à la fonte des glaciers, à l'acidification de l'océan, à la disparition des abeilles ? On préfère couler du béton sur le vivant. Et on trouve ça normal.

*

Très jeune, ma conscience écologique s'est éveillée. Tu le sais bien, mamie, avec des parents agriculteurs, j'ai vite eu les pieds dans la terre. J'ai grandi au milieu des vaches tachetées de noir et blanc, avec le rythme imposé des parents qui vivent à l'heure des animaux. La traite, matin, soir, sept jours sur sept. C'était une enfance parfois rude, reliée au rythme des saisons, au plus près des aléas climatiques. « Le climat change », ne cessait de répéter papa. Très tôt, trop peut-être, j'ai vu les conséquences de notre folie. Perte de cultures par manque d'eau, sécheresses ou inondations bien trop extrêmes.

L'écologie et la protection de l'environnement ne sont pas qu'un chapitre dans nos manuels de géographie, dont les chiffres clés seront oubliés après l'interro. Cette prise de conscience doit être généralisée, partout. On ne vous en parlait pas à vous, mamie, du réchauffement climatique. C'était un vague et vaste sujet comme un bruit de fond, mais personne n'en parlait frontalement. Ou si, mais on le cachait, on le mettait en sourdine. Le *greenwashing*, le vert du McDo et le vert qu'on met partout pour faire semblant, tu n'avais pas ça sur les panneaux publicitaires, toi. Tu avais quoi, d'ailleurs ? La machine à laver et le lave-vaisselle comme symboles du progrès. Avec des femmes sur les affiches. Tiens donc.

Gilles Boeuf

Réaliser que nous sommes la biodiversité, que nous sommes un fragment de nature, ça peut tout changer. *#11*

Tu sais, mamie, quand on prend conscience des enjeux qui sont ceux de notre époque, on veut se battre. On ne peut pas rester dans les clous d'une société que l'on trouve soi-même bancale : on veut réparer, soigner, arranger les bugs de ce monde. Alors on s'engage. Alors je m'engage. C'est pour ça que je dors moins, que je n'ai pas de CDI et que je mange tout vert, comme tu dis.

Toi aussi, tu as opté pour les clichés.

*

Les faits scientifiques – État de la situation avec **Christophe Cassou**, directeur de recherche au CNRS et coauteur du dernier rapport du GIEC

« Aujourd'hui, la concentration de CO_2 dans l'atmosphère a augmenté d'à peu près 50 % par rapport à la valeur préindustrielle. Le climat s'est réchauffé à un rythme sans précédent depuis deux mille ans. »

Quand s'est forgée ta conscience sur le changement climatique ?

Au fur et à mesure de ma thèse. J'essayais de déterminer quelle est la part des fluctuations climatiques liée aux activités humaines, et celle liée aux phénomènes naturels. C'est à ce moment-là que j'ai pris conscience que l'influence humaine devenait prépondérante. Aujourd'hui, sans équivoque, l'intégralité du réchauffement climatique observé sur la dernière décennie est liée aux activités humaines.

Quelles sont les conclusions fortes du dernier rapport du GIEC ?

Les choix d'aujourd'hui conditionnent le climat de demain.

Pas le climat de la fin du siècle, mais de 2040. Le système climatique n'a pas d'inertie. Si, demain, on arrêtait d'émettre des gaz à effet de serre dans l'atmosphère, la température globale de la planète se stabiliserait immédiatement. On ne reviendrait pas en arrière, parce qu'on est dans un schéma irréversible.

Mais pour d'autres facteurs comme le niveau de la mer, il y a une inertie. Le niveau de la mer va continuer de monter sur des millénaires, même si on stabilise le réchauffement. En revanche, pour la température sur les continents, elle se stabiliserait, et c'est un plaidoyer pour l'action. Ça veut dire que chaque action compte, chaque année compte, chaque tonne de CO_2 compte, chaque dixième de degré compte. Cette absence d'inertie nous met face à notre responsabilité.

Comment on devient responsable ?

Il n'y a pas une, mais une multitude de solutions. Il faut revoir entièrement nos modes de vie, en diminuant nos émissions de CO_2 dans tous les secteurs. La manière dont on se déplace, dont on s'alimente, dont on se chauffe. Il faut le faire de façon coordonnée, non plus en silo. Les uns se nourrissent des autres.

Les émissions de CO_2 ne sont pas des chiffres dans un fichier Excel avec lesquels on peut jouer et négocier.

Les enjeux environnementaux, climat et biodiversité, impliquent des contraintes dans lesquelles il va falloir s'insérer. Aujourd'hui, si on veut limiter le réchauffement climatique à un niveau donné, il faut arriver à la neutralité carbone.

Ce n'est pas un slogan politique, c'est une contrainte géophysique : il ne faut plus qu'une molécule de CO_2 s'accumule dans l'atmosphère. Dans cette contrainte, il faut que le faire société se fasse.

Vers quoi devons-nous tendre pour limiter ces catastrophes ?

D'abord, vers un monde désirable. Le monde de demain n'est pas un monde punitif. C'est un monde où le bien-être est certainement beaucoup plus grand, dans la mesure où il y a des cobénéfices à lutter contre le réchauffement climatique, à tous les niveaux. En termes de santé, de justice sociale, d'équité, de rendement agricole. Passer à une alimentation moins carnée a des impacts sur la santé. Les études sont très claires aujourd'hui : un régime alimentaire avec plus de protéines végétales est meilleur qu'un régime basé sur les protéines animales.

Cela introduit de manière indispensable la notion de sobriété ou de soutenabilité.

Le GIEC en donne une définition : la sobriété est l'ensemble de politiques, de mesures et de pratiques quotidiennes qui évitent des demandes d'énergie, de matières premières, de terres, d'eau, tout en assurant le bien-être de tous et dans les limites planétaires.

Il ne s'agit pas d'arrêter le mode de vie actuel, mais de le transformer.

Comment faire face à l'écoanxiété ?

On sait où on va, on sait où on ne veut pas aller et on sait où il faudrait aller. Moi, je compense mon écoanxiété par l'action, par des discussions avec des décideurs, par des conférences, des rencontres dans les écoles. L'action permet de diminuer ce sentiment d'impuissance. Aligner sa carrière professionnelle et son mode de vie avec ses valeurs, ça aide aussi. Ne pas faire un métier qui soit incompatible avec nos convictions, ne pas contribuer à un système qui, de toute façon, doit changer.

L'écoanxiété grandit quand on est seul, et diminue quand on est à plusieurs, que l'on entre en action.

Si on continue vers cette trajectoire, qu'est-ce qui nous attend en 2050 ?

Si on considère les promesses des différents États, on se dirige à la fin du siècle vers un réchauffement de 3,2 degrés, ce qui implique 2 degrés en 2050. On s'en va vers un monde où les événements extrêmes sont plus intenses. On a une intensification du cycle de l'eau, les événements plus secs deviennent encore plus secs, et les événements plus précipitants le deviennent encore plus. On s'en va vers un monde où les risques sont augmentés, les impacts sont croissants sur les écosystèmes.

La moitié des espèces ont déjà migré pour s'adapter à ce climat qui est changeant et qui se réchauffe.

Cela entraîne des risques en cascade, les changements sont systémiques et globaux.

Certains jours, j'ai le sentiment de manger « climat » à toutes les sauces. Mes fils d'actualités sur Internet sont noircis d'informations liées à la biodiversité menacée et à l'environnement détraqué, mes boucles de discussions Whatsapp portent sur l'écologie, les actions à venir et Total Énergie, mes conférences tentent d'alerter, en douceur, parfois plus brutalement, parce que, mince, il faut y aller maintenant. Je m'endors sur des livres qui parlent d'effondrement, je petit-déjeune avec des vidéos de Jean-Marc Jancovici. C'est trop. On me dit de débrancher, que je ne peux pas porter tout le poids du monde sur mes épaules. Je lis les livres de Sébastien Bohler, *Le Bug humain*[1] puis *Où est le sens ?*[2]. J'apprends et j'ai peur. Et puis j'essaie de comprendre. Mais je n'y arrive pas. Je ne comprends pas. Je ne comprends pas comment une telle urgence peut être prise avec autant de légèreté. *Don't Look Up*[3] version 5D.

1. *Sébastien Bohler,* Le Bug humain, *Paris, Robert Laffont, 2019.*

2. *Sébastien Bohler,* Où est le sens ?, *Paris, Robert Laffont, 2020.*

3. Don't Look Up : Déni cosmique, *film d'Adam McKay sorti en 2021.*

Comment fait-on, tu le sais toi, mamie ? Je sais bien que la sobriété nous sauvera, mais on préfère acheter des vêtements trop grands dans des magasins à escalators, alors que, demain, la mode sera d'avoir des jeans moulants et des t-shirts qui collent à la peau. Mais demain on sera sous l'eau et on cherchera des maillots.

Paloma Moritz

À travers l'urgence écologique, on peut repenser tous les sujets. C'est un défi absolument inédit dans l'histoire de l'humanité qui nous amène à changer de civilisation. Vers quelle société a-t-on envie d'aller ? *#102*

Pablo Servigne

Il n'y a qu'une solution à la question écologique : partager. C'est un rapport avec les humains et les écosystèmes. Il y a quatre liens à retrouver :

– le lien à nous-mêmes, à nos émotions ;

– le lien entre humains ;

– le lien avec les non-humains, la nature ;

– le lien avec ce qui nous dépasse : la vie, la mort, l'univers. *#1*

Jean-Louis Étienne

La planète tourne aujourd'hui à 80 % d'énergies fossiles. Si on s'attelle à ça en devenant un acteur de la solution, je pense qu'il y a du fun à être de ces acteurs. Ce n'est pas une souffrance et chacun doit être efficace dans sa zone d'influence. La solution ne sera que collective. *#101*

*

Le savais-tu ?

La météo est l'étude d'un phénomène de courte durée. Quelques heures, quelques jours, au plus, quelques semaines. Le climat, c'est l'étude de l'ensemble des possibles météorologiques sur l'ensemble d'une période. Généralement, on prend trente ans.

Selon une étude allemande publiée dans la revue scientifique *PLOS One* : on a perdu 80 % des insectes volants en France.

Selon la Commission européenne : on jette 30 % de ce que l'on consomme.

L'Organisation des Nations unies pour l'agriculture et l'alimentation (FAO) estime que plus d'un milliard de tonnes de denrées sont perdues ou gaspillées. Un tiers de la nourriture produite chaque année sur la planète finit dans nos poubelles.

Selon Jean-Marie Boucher (fondateur de consoGlobe) : en France, on estime que

38 kilos de nourriture consommable sont jetés toutes les secondes, ce qui est d'autant plus choquant quand on sait que plus d'un milliard de personnes souffrent de malnutrition dans le monde.

La collapsologie vient du terme *collapse*, « effondrement » en latin et en anglais. C'est la synthèse de tout ce que les disciplines scientifiques disent sur la possibilité que notre monde s'effondre, ou des effondrements déjà en cours (les oiseaux, les insectes, la biosphère). Ce sont des phénomènes qui nous surprennent par leur rapidité. Tout peut s'effondrer, la société, les systèmes politiques, et c'est l'étude de ces possibles effondrements.

Un monde qui glisse

Je me sens souvent spectatrice d'un monde qui glisse. On a automatisé les caisses, les voitures, l'agriculture, le portail des maisons, les tondeuses à gazon. On a mécanisé nos actions, nos vies et notre temps. La 5G, Netflix, les iPhones 30, les habits en trop, le mascara et tant d'autres artefacts volent notre temps. Ce temps qui ne se rattrape pas, ne s'achète pas et ne se décuple pas.

Est-ce un progrès de prendre le temps pour tout mais de ne jamais prendre le temps du rien ? Est-ce un progrès de supprimer les imprévus ? Effacer la vie de nos vies nous rend-il plus heureux ?

J'ai été tentée de tomber dans la radicalité et je pense l'être un peu, radicale. Pourtant, je suis convaincue qu'être mesurée est ce qui impacte sur le long terme. L'engagement est maintenant vendu à toutes les sauces. Jusqu'à en perdre son sens profond. On s'engage pour dire qu'on s'engage, en restant prisonnier de notre ego. On s'engage pour la sobriété, mais on joue à être celui qui s'engagera le plus vite, le plus fort, le plus loin. C'est un paradoxe total, mamie.

Souvent, je me sens loin de ce militantisme au milieu de mes champs de fleurs. Comme le sucre, j'ai appris à drastiquement limiter mon temps passé à Paris. Cette ville me mange. Elle m'entraîne dans une lessiveuse qui m'éloigne de qui je suis.

Pourtant, je culpabilise presque de fuir Paris. Je me sens lâche. Égoïste. L'urgence est telle que je devrais être là-haut aussi, pour manifester, participer aux dîners, aux rencontres, aux débats. Je comprends que, « là-haut », tout se passe.

Mais ça me peine, de voir que la course à l'ego a rattrapé celles et ceux qui s'engagent.

*

Matthieu Ricard

Il ne faut pas seulement avoir confiance en soi, mais confiance dans le fait qu'on peut devenir un meilleur être humain. Se transformer soi-même pour mieux se mettre au service des autres. Le point essentiel de tout ça, c'est la bienveillance. *#108*

Frédéric Lenoir

On a tous plus ou moins un déséquilibre, quelque chose que l'on essaie de remplir, comme une sorte de trou au milieu de notre poitrine. On a cette sensation implicite que l'on est incomplet. On trouve différentes manières de combler ce trou. Avec la nourriture, avec le téléphone, les séries, la drogue. Une manière de voir ça, c'est de comprendre que l'on a un manque d'amour de nous-mêmes. On cherche constamment à l'extérieur quelque chose qui va enfin venir combler ce vide. La pratique spirituelle tend à nous apprendre que l'on peut pratiquer cet amour nous-mêmes. On peut moins dépendre de ces addictions. Ça demande de reconditionner notre attention. *#37*

*

À Paris, tout le monde s'agite pour devenir quelqu'un. C'est à celui qui aura le plus de visibilité, le plus d'invitations, qui aura pris le café avec untel ou unetelle. On finit par se servir de la cause plutôt que de servir la cause.

On fait des burn-out d'engagement parce qu'on va trop vite dans le fait de dire qu'il faut aller moins vite. Nos vies sont-elles alors inévitablement dirigées par le striatum – cette partie du cerveau d'où jaillissent nos impulsions – et cet ego qui trahit ? Je me le demande.

Si je me sens égoïste en m'éloignant du bruit, je sais pourtant que, là, réside la force de mon engagement profond. Dans l'incarnation physique et quotidienne du changement sociétal que j'espère. Près de l'océan, dans mon potager, en haut d'une montagne ou depuis n'importe quel autre coin de nature.

Je crois à une forme de militantisme doux, parce que c'est précisément de douceur que manquent nos sociétés. Tu sais, mamie, si on retrace l'histoire de l'humanité, on comprend que les grands changements ont été beaucoup plus le fait de gens très calmes, très sages et très doux, que de grands énervés.

Je crois alors à la joie dans un monde qui part en vrille. Je veille à la réserver et à la préserver, le plus possible, quotidiennement. La joie. Loin des grandes villes, au plus près de la nature.

Je retrouve l'océan. Je reste des heures en lui et il lave tout.

Flore Vasseur

J'espère que demain, collectivement, on aura cette rage de préserver la vie et de s'incliner devant elle.

Mon pari, c'est que le monde de demain soit basé sur la joie. C'est ce qui nous est demandé aujourd'hui. Si tu as peur, tu vis à moitié. *#51*

*

Je suis venue te voir pour le printemps, mamie. Tu m'as préparé des cèpes, des asperges, un bon gâteau au citron. On est allées chercher des fleurs dans ton jardin pour faire un bouquet. Il est beau, brut et authentique, lui aussi. Il sent bon et il me fait penser à toi quand je le regarde. Il me rappelle cet instant où on l'a composé ensemble, à la lumière des soirées qui se rallongent avec le printemps. Ces instants à cueillir des fleurs avec toi sont les plus doux du monde, mamie.

Tu sais, notre bouquet, à Paris, ils l'auraient vendu 15 euros sur un marché du dimanche matin à Montmartre. Et une part de ton gâteau au citron, 5 euros ! Aujourd'hui, on fait les mêmes pulls que ceux que tu fabriquais à la main avant. On met le mot « vintage » dessus et on vend ça très cher. Ça donne un style, comme ils disent.

Avant de ficeler notre bouquet de fleurs, tu m'as demandé quel serait le titre de mon livre. J'ai dit : « Tu penses quoi de la vie, mamie ? » Tu m'as répondu : « Oh, tu sais, la vie, je sais plus trop ce que j'en pense. Et ton titre alors ? » Je l'ai répété. « Ah ! C'est ça le titre ? » Tu l'as écrit sur un bout de papier, mais sans le « mamie » à la fin. Tu n'as pas compris que c'était pour toi. Je t'ai dit que ça serait bien que tu écrives une page sur ce que tu penses de tout ça, de la vie, des craquèlements, de la société, de l'amour. Tu m'as dit, encore : « Oh, tu sais, je n'ai pas grand-chose à dire. »

*

Et puis tu es tombée. La semaine dernière. Dans ton potager, comme ça. On m'a appelée pour me dire que tu étais à l'hôpital, le pied cassé et embroché pour le tenir droit. Je te laisse imaginer de quelle façon cet appel m'a soulevé le cœur. On est venues te voir, avec Aurélie et des fleurs. Tu étais là, allongée, peinée par l'immobilité forcée plus que par la chute incontrôlée. « Mais j'ai vraiment fait attention, je ne comprends pas comment j'ai pu tomber. »

Je t'ai dit qu'il n'y avait pas de hasard : « Peut-être qu'il te serait arrivé quelque chose de plus grave encore si tu n'étais pas tombée. » Deux jours après, on m'appelle à nouveau pour me dire un mot bizarre. Un mot grave. De ces mots qu'on ne veut pas entendre, pas comprendre, pas retenir. Un mot qui fait peur, pour dire que ton cœur s'était presque arrêté. Et que, si tu n'avais pas été à l'hôpital ce jour-là, tu serais partie. J'ai remercié la vie pour ces hasards qui n'en sont pas. Pour cette chute dans ton potager qui t'a finalement sauvée.

Il aura fallu ça pour que tu me dises : « Oui, d'accord, je vais écrire dans ton livre. Parce qu'elle est quand même curieuse, cette vie. Elle m'a fait un sacré cadeau avec cette chute. »

Enfin, je me décide.

Pour tous mes petits-enfants et ma petite-fille qui me donnent tellement de bonheur et de joie de vivre, j'écris ces quelques lignes car elle le mérite vraiment, toujours très courageuse.

Depuis très jeune, elle s'intéresse à tout et pose plein de questions, aime la nature, la cuisine, la couture, les fleurs, les animaux. Tout ce qui touche à la vie. Parfois, elle est un peu pénible parce que têtue, mais c'est à vrai dire tellement beau.

Victoria est héritière d'une mamie née juste après la guerre, qui a grandi sans repères. Enfants de parents et de grands-parents agriculteurs, nous n'avons connu, avec mon frère, que le travail. Très jeunes, nous n'avions pas le droit de choisir notre métier. Il fallait gagner notre vie coûte que coûte, pour redresser la France.

J'ai toujours travaillé, dès l'âge de 13 ans. Je n'ai jamais connu une seule journée de chômage. Maintenant, tout est très différent et je trouve ça bizarre.

Adolescente, j'ai beaucoup souffert de cette situation. Sans eau courante, nous devions aller chercher l'eau à un kilomètre avec des seaux et une brouette – c'était la campagne.

Pas de salle de bains, ni de téléviseur, ni de machine à laver, les toilettes à l'extérieur de la maison. Tout était manuel – c'était la campagne.

Mais nous mangions écolo avec le lait de la ferme, de bonnes volailles et tous les légumes du potager et des arbres fruitiers.

Nos loisirs, c'étaient les fleurs, ramasser les beaux fruits du verger, la cueillette des champignons en automne, jouer avec les voisins tout en gardant les animaux au pré. Ça a été ma jeunesse.

Et maintenant, tout bouge, tout se bouscule dans tous les sens avec beaucoup trop de rapidité. Moi-même, je suis un peu perdue dans tous les domaines, et je ressens que l'on recule sur certaines choses. Sans parler du climat.

Notre génération mangeait beaucoup de viande et encore aujourd'hui. Il est très difficile de changer ses habitudes, mais nous devons faire de gros efforts pour les générations à venir. Il le faut, absolument.

Mon bonheur, ç'a été mes petits-enfants, tous plus adorables les uns que les autres. Gentils, travailleurs, avec de grandes qualités de vie – je suis fière d'eux.

Je ne sais pas écrire car j'ai dû arrêter l'école à 13 ans. Mon papa était tombé gravement malade et il y avait la ferme à garder. Mais aujourd'hui, j'écris, je fais un effort pour elle, pour ma petite-fille, tellement courageuse et intelligente. Bravo à elle.

Francine

Transmettre l'émerveillement

J'arrêterai peut-être d'écrire le jour où j'aurai réussi à mettre un mot juste sur ce qui m'habite, à écrire une phrase résumant parfaitement ce que je ressens pour la vie. Le problème est que c'est indescriptible.

Parfois, j'ai envie de prêter mes yeux à celles et à ceux qui voient terne. Leur montrer la beauté que je vois en chaque chose, cette beauté pour laquelle on me dit : « Mais ça va, Victoria, ce n'est qu'un arbre. » Non, ce n'est pas « qu'un arbre ».

Tout m'inspire. C'en est presque vertigineux de me sentir si inspirée par tant de choses, d'odeurs, de saveurs, de couleurs, de paysages. J'aime les voyages en train et en voiture. Laisser défiler les paysages, les levers et les couchers de soleil. J'aime l'odeur du feutre indélébile. Pourtant j'aime l'éphémère. Mais pour le feutre indélébile, c'est différent.

Au début, on me disait que c'était étrange de tout aimer comme ça, de tout aimer autant. On me faisait ressentir cette différence en me disant : « Mais ça va, c'est – juste – un coucher de soleil, c'est – juste – un oiseau. » Je sentais le déni que certains projetaient sur ce qu'ils appelaient alors de la naïveté.

J'ai compris plus tard que cet émerveillement était la chose la plus précieuse du monde. Chose que le temps trouvait plaisir à lessiver. Je me suis alors promis de ne jamais le perdre, cet émerveillement. De le faire grandir encore et encore. Et j'ai fini par éprouver de la tristesse pour ces gens qui ne s'émerveillaient plus.

À quel moment cesse-t-on de trouver une fleur jolie ? À quel moment laisse-t-on la vie nous éloigner de cet état magique qui habite les enfants ?

J'aimerais que cet émerveillement en tout, qui m'habite, soit partagé avec chacun. Je ne suis pas radine sur l'émerveillement, j'en donne volontiers. Parce que c'est l'émerveillement qui sauvera le monde. Vraiment. Mais vraiment, vraiment. Même Matthieu Ricard le dit, alors tu vois, mamie.

On ne veut pas détruire ce qui nous émerveille, on veut le protéger. Mais on ne s'émerveille plus. On a cessé d'être touché par le sensible, par le pur, par le beau, par le simple. On est entré dans cette folle dynamique du désir, et c'est parce qu'on est en crise d'émerveillement qu'on s'éloigne du vivant.

Comment ne pas tomber dans ces désirs factices, alors que nous sommes soumis à des messages publicitaires tous les jours, mamie ? Comment ne pas croire qu'accumuler rend heureux quand on ne voit plus le ciel bleu ? De quoi a-t-on réellement besoin pour être heureux ? Qu'est-ce qu'on fait sur cette planète ? Pourquoi on est là ? Il faudrait écrire ces questions à la craie et de toutes les couleurs sur les tableaux des écoles.

Accumuler, accumuler, encore et encore. C'est une forme de drogue qui ne comble pas nos désirs profonds. Mais on ne sait même plus quels sont nos désirs profonds. On vit de désirs illusoires.

Tu sais, mamie, je crois que si on achète des choses avec autant de compulsion, s'il y a de plus en plus de dépressions, de dépendance affective, d'alcool le soir, d'impatience et de temps d'écran, c'est parce qu'on est à côté de nos pompes. Je le vois bien, j'achetais beaucoup et j'aimais mal ce garçon quand j'étais paumée.

On traverse alors nos vies dans la fuite. On passe à côté, enfermés dans un conflit intérieur. On en perd l'émerveillement de ce qui est, et on ne voit plus la couleur des papillons.

Imagine, mamie, si chacun aimait les fleurs autant que toi. Si chacun pleurait d'un rayon de soleil appuyé trop longtemps sur notre pupille, si chacun prenait les coccinelles dans ses mains, si chacun se réveillait le matin en se disant que chaque nouvelle journée est un cadeau, si chacun trouvait de la paix dans la difficulté, si chacun sentait son cœur se soulever à la vue d'un tournesol qui nous regarde.

Imagine, mamie, comme le monde serait changé, si tout le monde s'émerveillait de tout. Comme les enfants. Imagine, mamie, si on était tous des enfants. C'est peut-être pour ça que je m'applique à t'écrire comme une enfant. Les messages passent toujours mieux quand ils ont une pointe de naïveté. J'espère arriver à toucher les cœurs ainsi. En parlant de choses graves avec cet élan joyeux, brut et sincère. J'espère que ça marchera.

J'espère que les adultes prendront la mesure de ces choses qui font nos vies.

Gilles Boeuf

Ne désespérez pas, gardez l'envie de vous battre, de changer les choses, de ne pas vous laisser faire. Einstein disait : « Le monde ne va

pas mal des méchants ou des stupides, il va mal des gens normaux qui les laissent faire. »
#41

Moi, je suis dans le monde de ces jeunes qui n'ont pas envie de laisser faire. Ni de se laisser faire.

*

La transmission et le questionnement m'obsèdent, mamie. Comprendre les parcours de vie, les comment et les pourquoi. Comprendre les gens pour comprendre le monde. Comprendre ce qui pousse un individu à tourner à droite plutôt qu'à gauche. À dire oui un matin. Finalement non le lendemain. Ce non qui changera une vie.

Pourquoi certains façonnent une vie rangée dès 20 ans, pourquoi d'autres flirtent avec les bosses à 30 ans ? Pourquoi certains entreprennent, et d'autres se plaisent dans le salariat ?

Il y a ce qui traverse les années, ce qui s'ancre en elles, et ce qui passe, qui se délite. Il y a ce que l'on comprend des années, et que l'on veut transmettre. Ces choses-là, que l'on transmet, avec pudeur ou conviction, je suis allée les prêcher. C'est d'ailleurs pour ça que je fais des podcasts, tu vois.

Parce que c'est ainsi que l'on fait société, que l'on grandit en tant qu'humanité : en transmettant ce que l'on cache parfois, ce qu'on aurait aimé savoir plus tôt. Pour gagner du temps peut-être, pour éviter les déceptions, pour s'aligner plus vite avec soi, sûrement. Loin des « peut-être », la transmission a une puissance telle qu'une simple phrase, lue, entendue, dite au bon moment, peut changer une vie.

Transmettre. Transmettre l'urgence d'un retour à ces plaisirs minuscules qui portent en eux toute la richesse du monde. C'est ainsi que l'on transformera le monde.

Bruno Patino

Transmettre des récits, ça fait sens. L'humanité s'est construite par les récits qu'elle transmet. *#98*

Prendre soin est un art

Le printemps réveille les arbres, et moi avec. Mes pauses midi s'allongent un peu plus, pour profiter du soleil encore et encore. J'ai même écouté un podcast en maillot de bain l'autre jour. Ma peau s'est un peu dorée déjà. Les grenouilles recommencent à chanter et les bourgeons sortent. Je reviens dans mon potager et c'est mon plus grand bonheur. Je me balade des livres sous les bras. La vie revient de partout. Et je retrouve bientôt Biarritz.

*

Hier matin, j'étais à Bordeaux pour parler à la télévision. En partant, j'ai reculé sur un poteau et j'ai enfoncé le coffre de la voiture d'Aurélie. Je ne le lui ai pas encore dit mais, de toute façon, ce n'est que du matériel. Et puis c'est ma sœur. Cela ne veut pas dire qu'elle acceptera l'accident mieux que quelqu'un d'autre, mais ça ne l'étonnera qu'à moitié de moi. Elle connaît ma réticence à la conduite. J'en ai cassé d'autres, des voitures… Et puis, une voiture, c'est fait pour rouler, pas pour briller. J'aime bien les voitures cabossées. Encore une histoire de vernis qui ne m'attire plus.

En parlant de matériel, tu sais que je n'achète plus rien, mamie. Sauf pour de rares occasions. J'ai eu une occasion récemment : je me suis acheté une enceinte pour mettre de la musique très fort. Cette enceinte est de ces rares caprices que je m'autorise parfois. Ces caprices avec des métaux rares, qui polluent et qui valent la vie des enfants d'Afrique et d'ailleurs.

En rentrant à la maison, j'ai poussé le son de l'enceinte à fond dans ma chambre, et j'ai dansé. Pour soigner ces paradoxes. J'ai aussi couru 70 kilomètres cette semaine. Peut-être encore pour soigner ces paradoxes.

Le marathon est dans deux semaines. J'ai fait défiler beaucoup de podcasts dont un avec Frédéric Lopez qui parlait d'autocompassion. Dans les grandes lignes, mamie, l'autocompassion, c'est cultiver avec soi et pour soi le rapport que l'on aurait avec sa meilleure amie. Te dire, te parler, t'accompagner comme tu le ferais avec la personne que tu aimes le plus au monde.

Je me suis dit que résidait dans l'autocompassion toute la richesse du monde. Tu sais, quand mon corps commence à fatiguer pendant une course, je souris. J'envoie le signal à mon cerveau que tout va bien. Et ça va mieux.

Tim Dup

Les vies tracées sont moins intéressantes que des vies de rencontres et de découvertes. *#14*

*

J'ai changé de café ce matin pour écrire et une dame m'a demandé ce que j'avais à regarder comme ça autour de moi, si j'avais besoin de quelque chose. Je lui ai dit qu'il ne fallait pas faire attention, que j'observais simplement. Encore. J'observe tout. J'observe les gestes mécaniques de chacun. L'attention qu'ils portent à leurs actions. Sont-elles compulsives ou conscientes ? Le moindre détail attire mon attention et j'ai ainsi du mal à me concentrer si je ne suis pas seule avec du rien.

Une odeur, un geste, une couleur, la moindre chose me fait partir très loin dans l'imaginaire. Je ne sais pas si c'est de l'hypersensibilité, un trouble de l'attention, de l'hyperactivité ou une autre de ces étiquettes à « hyper », mais je suis comme ça.

J'ai alors imaginé une vie à cette dame. Est-elle heureuse ? Est-ce qu'elle trie ses déchets ? Est-ce qu'elle aime lire ? Est-elle amoureuse ? À quoi pense-t-elle ? Cette dame goûtait son café avec tellement de soin que ça m'a émue. Tous ceux qui prennent soin des choses m'émeuvent.

Tu vois, mamie, toi tu manges devant la télévision avec des infos anxiogènes et la marmite qui bout en même temps. Sans conscience. Il y a toujours

– au moins – cinq plats à réchauffer. Tu vides le frigo à chaque repas. Tu mets aussi un peu de vin rouge dans ton verre mais toujours mélangé à de l'eau et puis tu te lèves de ta chaise toutes les deux minutes. J'ai compté l'autre jour. Tu es toujours debout. Tellement, qu'une fois ta jupe est tombée devant tout le monde, hop, en culotte, et ça nous a fait beaucoup rire. Tu es rigolote, mamie.

Et tu sais ce qu'il y a de plus fort chez toi ? Malgré ton âge – parce qu'il faut le dire, tu n'es pas toute jeune –, tu souris, tu rigoles, tu t'émerveilles. C'est peut-être toi qui m'as transmis ce goût de l'émerveillement. Et de la bougeotte aussi.

Arthur Auboeuf

Se rappeler chaque jour qu'on est vivant, ça aide à s'en foutre. Regardez la vue jusqu'à perdre la vie, et regardez la vie jusqu'à perdre la vue. #77

*

C'est chaque jour que j'agrafe le goût de la nouveauté à mon quotidien. Hier matin, j'ai commencé la journée en faisant du pain au levain avec Pascal. Pascal m'a appris à faire du pain comme on apprend à vivre en pleine conscience.

Un jour, dans l'une de ces colocations que j'organise en France, je suis passée devant chez lui et ça sentait bon. Je suis entrée, lui demandant s'il pouvait m'apprendre à faire son pain. Il m'a dit : « D'accord, tu viens vendredi à 5 heures du matin. »

Alors ce matin-là, j'ai mis mon réveil très tôt, pour arriver intimidée au milieu des fours et des farines de Pascal. J'avais peur de gêner, de ne pas savoir où mettre mes mains, de ralentir le programme bien millimétré. Et puis Pascal m'a dit : « Ici, on ralentit. On prend le temps. » Alors j'ai goûté au plaisir d'enfoncer mes mains dans la pâte. Celle du pain indien au curcuma et au raisin qui a laissé de l'orange sous mes ongles, celle du pain sportif aux graines, celle du pain complet.

Pascal m'a expliqué ce qu'est le levain – le vrai –, pas celui des boulangeries conventionnelles. Il m'a présenté les différents types de farines, leur composition, leur apport en fibres, leur provenance. Il m'a raconté sa vie. Il m'a expliqué que l'attention que l'on porte à ce que l'on fait change tout. Je lui ai dit : « Ah, c'est comme de la méditation, en fait ? » Il m'a dit : « Oui, c'est ça. »

Le pain n'est pas bon si Pascal est stressé. Le pain n'est pas bon si Pascal va vite. Le pain n'est pas bon si Pascal n'est pas pleinement présent. Tout se joue dans l'énergie qu'il envoie. Pascal m'a appris à faire du pain comme il a appris à vivre. « Ça ne marche pas si tu réfléchis trop. Il faut laisser son mental de côté, ressentir les éléments, faire confiance. »

Pascal a 60 ans, ça fait dix ans qu'il fait du pain. À 50 ans, il a fait le choix d'utiliser autrement ses mains, passées des claviers aux doigts enfarinés. Je vais maintenant chercher des boulangeries avec des Pascal partout en France.

Pascal m'a transmis le goût du levain.

Chapitre 4

Vivre, avec le monde

Tant qu'il y aura des combis mouillées sur le bord des fenêtres, avec l'océan comme horizon et quelques douces vagues à naître, tout sera bon.

Odes à la liberté

Je veux faire ce que je veux, mamie. Je veux écrire des livres qui disent des choses banales même si ces choses ne plaisent pas. Je veux écrire ces choses qui dérangent. Je veux m'allonger toute une après-midi dans l'herbe à regarder défiler les nuages. Surtout au début du printemps, quand l'hiver a été long et que les premiers rayons ont si bon goût sur la peau. Je veux un potager bien garni avec beaucoup de choux de Bruxelles et sans aucun entrant.

Je veux m'enfermer dans ma chambre des heures et des heures. Je veux me retirer des écrans plusieurs semaines. Je veux marcher au bord du canal avec Mathilde, cette amie d'enfance que tu connais bien maintenant, mamie. Je veux allumer le gyrophare du Berlingo. Je veux cramer les feux rouges et prendre des PV sur l'autoroute.

Je veux être une enfant pour toujours. Je veux laisser des mots dans les trains et toquer aux portes des inconnus. Je veux beaucoup pleurer d'avoir eu le cœur piqué par divers sentiments. Je veux m'autoriser ces sentiments. Je veux tout, tout, tout prendre de cette vie, mamie.

Je veux crier très fort et danser au milieu de la rue. Je veux changer le monde. Je veux prendre un sac à dos et partir quand bon me semble. Je veux entendre des : « Bienvenue en gare de Biarritz. » Je veux laisser les poils sur mes jambes et les soutiens-gorge au placard. Je veux pouvoir dire oui aujourd'hui et non demain.

Je veux dire non à un verre de vin et préférer le kombucha. Je veux sauter l'heure des repas si je n'ai pas faim. Manger à 16 heures si ça me chante. Je veux courir 42 kilomètres. Je veux partir à l'autre bout du monde sans prendre l'avion. Je veux que celui qui lit ces lignes se dise : « Mais oui, bazar, la vie est belle. » Je veux vivre en Inde et méditer longtemps. Je veux lancer des projets qui vont capoter et d'autres qui vont me révéler. Je veux me réveiller le matin dans des draps différents. Mais souvent avec le bruit de l'océan ou le chant des oiseaux. Je veux de longues discussions avec tes copines, mamie, parce que les vieux ont toujours raison. Mais tu n'es pas si vieille, tu sais. Je veux étendre le linge frais dehors et le regarder sécher au vent. Je veux vivre avec peu d'argent parce que l'argent rend fou.

Je veux manger des plantes comestibles qui ont poussé avec des coccinelles tout autour. Je veux construire une cabane dans la forêt et lire dedans. Je veux cueillir des cèpes et apprendre à reconnaître tous les champignons, même ceux que tu ne connais pas encore, mamie. Je veux coudre aussi bien que toi et te faire un bonnet pour traverser l'hiver. Je veux de nouvelles journées avec de nouvelles odeurs et couleurs et rencontres et de nouveaux rebonds et de la nouveauté partout, et partout, et encore et encore.

Je veux de la vie, mamie. Je veux avoir la liberté et l'insolence de m'autoriser à la vivre pleinement. La liberté.

*

Cette quête de liberté a toujours été centrale dans ma vie, le critère premier de tous mes choix.

Tu ne comprends pas bien ma façon de vivre, mamie. Tu me demandes toujours quand je vais « m'installer » pour pouvoir me donner ta vaisselle, tes meubles et tes draps qui dorment dans le grenier. Mais pour moi la maison n'est pas un lieu, elle est un ressenti. Ma maison est partout. Tant qu'elle est en moi.

Je te dis que c'est ça, la liberté, mais tu ne comprends toujours pas bien.

*

J'ai rencontré Arthur pour l'interviewer sur Nouvel Œil. Avec lui, j'ai compris qu'il était possible de vivre différemment, loin des normes. Arthur m'a donné la recette magique pour décupler les secondes. Arthur est devenu mon grand frère de cœur. Arthur a des rêves plus grands encore que les miens. Et il les réalise. C'est merveilleux de s'entourer d'Arthur dans sa vie. On a soudainement le sentiment que tout devient possible.

Sa recette magique, c'est de faire des colocations éphémères. Il loue des appartements pour un mois dans différents lieux en France. J'ai rejoint l'aventure à Saint-Hugues en Chartreuse le 7 janvier 2021. Ce jour-là, j'ai compris comment je souhaitais vivre ma vie pour les prochaines années.

Choisir un lieu en France, dénicher un appartement pour un mois, trouver des colocs, et vivre. Il arrive alors qu'un simple changement de lieu altère le cours du temps et les émotions ressenties.

Charles Pépin

J'avais cette conscience, très jeune, que les belles rencontres pouvaient changer une vie. C'est cette rencontre de ce qui n'est pas soi qui est la condition pour devenir soi. *#75*

*

Ces colocs éphémères changent tout. Je goûte la vie différemment. Les minutes se comptent autrement, elles ont une autre dimension. Je diminue mon temps d'écran, je ne perds plus mon temps à me comparer, ni à ruminer ce qui sera ou ce qui aurait pu être. Je vis. Je fais. Parce que, savoir que mon temps passé dans ce lieu est éphémère, quatre semaines tout au plus, donne à chaque instant une profondeur plus intense encore.

M'adapter à un nouvel environnement pour faire barrière à l'immobilisme, c'est ma façon bien personnelle de ralentir le temps qui passe trop vite. Ne pas m'endormir dans un quotidien linéaire, mais rester en éveil, toujours, en cultivant les rencontres et les découvertes. En vivant ainsi, je comprends que la vie a le ton que l'on décide de lui donner.

Maintenant, je me sens partout chez moi, et je n'ai plus peur du dehors.

Le coût de l'éphémère

Cette liberté a aussi un coût. Un coût émotionnel que je négligeais jusqu'à ce qu'il prenne trop de place pour le nier. Celui de l'intensité du déchirement, souvent. Ça blesse, les au revoir, j'ai toujours l'impression d'abandonner quelque chose. Quand je fais mon sac pour un mois, que je prends un train et que je m'installe dans un nouveau chez-moi, j'ai besoin d'un certain laps de temps pour trouver mes habitudes, mon aise. Pour reconnaître les détails qui, tous les jours, restent là. C'est comme reconstruire une petite vie dans ma vie.

Très vite, je me sens chez moi. Comme si, toujours, j'avais été ici. Alors, l'idée de partir après quelques semaines me fait un peu peur. Peur de l'attachement, peur de laisser ce qui est.

Chaque colocation a son odeur, avec une lessive différente. Je m'attache toujours aux odeurs des lessives.

*

Février 2023. Colocation à Sixt-Fer-à-Cheval.

Chaque matin, quand je me lève dans ce chalet, j'essaie de faire craquer le moins possible le plancher. Parce qu'il est souvent très tôt. Je descends repousser les rideaux, allumer cette lampe qui est à côté de la bibliothèque. Je prends ce même bol vert pour mon porridge, que je lave à la main quand il est au lave-vaisselle parce que les autres bols sont moins larges. Je fais revenir les flocons d'avoine à la casserole dans du lait végétal, je coupe une poire et casse quelques noisettes, je mets trois grosses cuillères de beurre de cacahuète et je mélange le tout.

Ce matin est le premier où j'écris avant de prendre mon porridge. Ça n'arrive jamais. C'est toujours mon porridge devant une vidéo de Sylvain Tesson. Après seulement, je fais couler mon café avec une noisette de lait d'avoine, et j'écris. Mais ce matin, je suis sortie du lit, j'ai fait mes salutations au soleil, j'ai passé de l'eau sur mon visage, et j'ai écrit. D'emblée. Sans beurre de cacahuète.

Je crois que j'ai le ventre noué par mon départ. Brico a descendu les escaliers à 7 h 30, en disant : « Je vais dire au revoir à la rivière », et ça m'a encore moins donné envie de beurre de cacahuète.

Chaque mois de colocation éphémère porte en lui une vie. Une nouvelle vie. De nouvelles rencontres, de nouvelles habitudes, de nouvelles odeurs, de nouvelles activités, de nouveaux chemins que l'on emprunte tous les jours. Tout ce qui est nouveau devient alors quotidien. Comme écouter en boucle "Enid & Rebecca" de Les Gordon, aller voir Marcel pour tester de nouveaux skis, vider le compost derrière la source de l'Épine, écouter Arthur jouer du Handpan le soir, faire des tartes aux poireaux et des soupes, mettre deux couches de pulls pour sortir, voir les montagnes depuis le lit, skier et skier, aller dehors et aller dehors, rire et rire de blagues pas drôles, surtout celles de Brico. On finit par trop bien se connaître à devoir se supporter. « On sait que le beurre de cacahuète et les choux de Bruxelles, c'est indispensable pour Vic. »

Il y a ce matelas très grand dans lequel je m'enfonce. J'aimerais bien y inviter le garçon aux yeux dans lesquels on voit la terre. On regarderait la neige tomber, nos deux têtes sur un même coussin.

Il y a ce bureau que l'on s'échange à tour de rôle avec Arthur et Brico. Pour travailler au calme, vue sur les montagnes. « T'as besoin du bureau cette aprèm ? J'ai un *call.* »

Il y a la paisibilité de l'instant, le soleil qui vient chauffer le banc à 13 heures, le calme intérieur et la parfaite harmonie que je touche du doigt en vivant ici. C'est peut-être pour ça que mes cheveux y poussent si vite.

Il y a le papi d'en face qui allume sa lumière un peu après la mienne le matin et qui ferme ses volets à 18 heures pétantes. Ce matin, c'est la dernière fois que je le vois ouvrir ses volets en face de moi. En le regardant faire, je me dis : c'est dur de vouloir vivre fort quand on s'attache autant à tout.

*

Le nouveau se transforme en habitude. Et puis vient l'inévitable attachement. Pour qu'un lendemain, comme ça, *vlan*, ces nouvelles habitudes soient coupées. Piqûre de rappel de l'éphémère. Le vif. Tout passe. Tout coule.

Si réaliser que tout est éphémère m'a longtemps effrayée, je trouve aujourd'hui mon bonheur dans cette idée-là. C'est précisément l'éphémère qui donne de l'intensité à ces différentes vies. On ne laisse pas couler le temps pareil quand on mesure combien il est précieux.

La liberté se trouve possiblement dans ce détail : celui de pouvoir vivre et partir, comme ça.

Matthieu Ricard

Gandhi disait que notre degré de liberté extérieure dépend de notre degré de liberté intérieure. Si vous êtes constamment sous l'emprise de l'hostilité, de l'avidité, de la jalousie, c'est une catastrophe. Vous allez vous-même être pénible à vivre pour les autres, tout le monde y perd. Cultivez cette liberté intérieure et votre vie sera changée. *#108*

*

J'ai lavé mon linge une dernière fois avec la lessive d'ici, pour avoir l'odeur du chalet plus longtemps. Sentir l'odeur de cette lessive, c'est me rappeler l'état de parfait alignement de cette coloc.

Dans le train du retour, j'ai vu que Brico avait glissé du beurre de cacahuète dans mon sac. Je me suis dit que certaines personnes, certains liens, contiennent toute la richesse du monde.

Je suis arrivée à Annecy, j'ai enfilé mes baskets pour digérer les émotions et espérer retrouver de la place pour le beurre de cacahuète. J'ai couru 17 kilomètres au bord du lac.

Le lendemain, au réveil, j'ai cherché mes repères avant de comprendre que je n'étais plus sur le matelas très grand de la coloc. Il n'y aura pas ce large bol vert pour mon porridge. J'ai réservé un cours de céramique pour apprendre quelque chose de nouveau la semaine prochaine. Et modeler moi-même un bol pour mon porridge.

Le plus beau, avec les fins, c'est qu'il y a des débuts. J'aime tant les fins. C'est beau de ressentir tout ça, mamie, la mélancolie, le cœur qui vit et qui se soulève. Ma maison est partout, et qu'il est bon de se sentir appartenir au monde, d'être ainsi libre.

J'ai quitté les Alpes.

Lauren Bastide

C'est un drôle de concept. Tout mouvement vers la liberté, c'est aussi une renonciation à certaines choses. La liberté, c'est un double mouvement. Pour atteindre un certain degré de liberté dans ma vie, j'ai dû renoncer à d'autres formes de liberté. C'est cet équilibre à trouver entre les deux qui ressemble le plus à ce que j'appellerais la liberté. *#90*

*

Je n'étais pas rentrée à la maison, je veux dire dans ma maison d'enfance, depuis cinq semaines. J'y reviens seule, papa est parti en week-end. Il s'autorise plus de bonheur maintenant. Plus de répit, moins de travail.

Je suis heureuse d'y retrouver ma chambre, de commencer le potager, d'aller dire bonjour aux arbres qui ont bien changé depuis mon départ. Cette maison est celle qui m'a vue grandir. Celle qui m'a vue tenir entre mes mains des Barbie, puis des livres, puis un stylo, puis deux micros jaunes.

Quand je vois le panneau « Aillas », je me dis toujours que rien de mal ne pourra m'arriver. C'est ici que je me sens loin du monde et en même temps vraiment présente à lui. Je n'existe plus pour personne, je reste dans ma chambre. Je me livre à l'introspection. Je digère les semaines passées sur la route. Je fais le vide. Je m'extirpe du bruit du monde. Je me retrouve. J'écris. Je pense. Je médite. Je laisse décanter ma vie.

*

Ma chambre est mon point d'ancrage, elle recèle tous mes trésors intérieurs. Peu de personnes sont autorisées à y entrer. Ma chambre protège mon monde et ma bibliothèque. Puis ma bibliothèque me protège. Les livres y sont rangés par catégorie : société, climat, romans, développement personnel, spiritualité, culture, astronomie. Ma chambre est décorée avec des photos de tous les âges. Tu es sur beaucoup d'entre elles, mamie.

Il y a des articles collés aux murs, de mes premières parutions presse à mon diplôme « Femme jeune pousse de l'économie sociale et solidaire ». Ma chambre a ses bougies, son tapis de yoga à côté du lit, sa planche de surf, sa lunette astronomique, tous ses carnets, tout mon univers.

Je comprends alors qu'il est essentiel d'avoir un lieu à soi, un lieu de repli qui puisse rester intact malgré le lessivage du temps. Un lieu qui disperse les cacophonies de l'existence, contre lesquelles on ne peut rien.

J'ai eu peur de perdre ce lieu, mamie. Qu'il m'échappe lui aussi.

*

« Je n'aime plus maman. »

Il y a des phrases que l'on sent venir, que l'on guette, mais que l'on n'est jamais vraiment préparé à entendre. Il y a des phrases qui coupent une vie en deux. Qui marquent un non-retour, une rupture. Il y a des phrases qui détraquent tout sur leur passage. Il y a des phrases qui nous invitent à ne plus jouer à l'enfant.

Au départ de maman, j'ai eu envie de changer la porte de ma chambre pour y mettre une serrure, et ainsi pouvoir verrouiller mon monde. Qu'on puisse tout m'enlever, d'accord, mais jamais ça. Jamais cette chambre.

L'odeur de ma chambre est une des rares et seules choses qui est restée intacte depuis que maman est partie. Je ne trouve rien de plus réconfortant que l'odeur de ma chambre mêlée aux chants des oiseaux.

Biarritz

J'ai refait mon dentifrice pour les cinq prochaines semaines : une cuillère à café de bicarbonate de soude, trois gouttes d'huile essentielle de menthe poivrée, deux cuillères à soupe d'argile blanche et deux autres d'huile de coco. Je mélange le tout dans mon petit pot en verre et c'est parti. J'ai remis mon sac sur le dos, j'apprends petit à petit à l'alléger. Plus je l'allège, plus je me sens libre.

À la maison, je redeviens la petite fille que j'étais. Ailleurs, je rencontre la femme que je suis et celle que je deviens. Depuis mes 19 ans, tout me ramène à Biarritz. J'ai rencontré ce lieu une première fois avec Aurélie en y passant avec notre 4L pour le raid 4L Trophy. Depuis, tout m'y attache. C'est toujours ici que je trouve refuge. C'est un peu comme si j'habitais là sans vraiment y habiter. Quand je descends du train et que je vois écrit « Biarritz » sur la façade de la gare, mes épaules se relâchent. Je ne sais pas quelle force en est la cause, mais être ici nettoie tout. J'ai trouvé ma terre d'accueil et, avec elle, mon sac s'est encore plus allégé.

« C'est ici et ça sera ici. » J'ai remercié la vie d'avoir trouvé pour moi l'évidence d'un lieu que certains passent des années à chercher. Sans jamais le trouver parfois. Je pensais que l'on tombait amoureux de quelqu'un. Parfois aussi d'un projet ou de quelque chose. Mais pas d'un lieu. Encore moins d'énergies.

Mamie, comment tu expliques que certains lieux ont le pouvoir de faire le ménage dans notre tête ?

*

Tous les matins, quand je n'y suis pas, je regarde la plage de la Côte des Basques sur la webcam depuis mon ordinateur. J'observe les vagues et le temps qu'il y fait. On dit toujours qu'à Biarritz il pleut, mais le plus souvent il fait beau quand ailleurs tout est gris. Je viens alors y chercher l'éclairage, quand tout devient brouillon dans ma vie.

Tout me ramène ici. Les vagues, les gens, le café Etxola, le Bookstore, le croissant du marché des Halles que je viens chercher tôt le matin pour le manger face à la Côte des Basques. L'eau salée, les bains froids au Port Vieux l'hiver, la pizza végétarienne à la truffe chez Coco, les beaux garçons qui se donnent un style avec une planche sous le bras et ceux qui ont vraiment un style, brut et sincère. Comme le garçon aux yeux dans lesquels on voit la terre. Il y a aussi les gâteaux basques à la noisette, le Club Sandwich et mon coin préféré pour lire à la Côte des Basques.

Je ne me lasserai jamais de venir regarder l'océan sous le soleil à la Côte des Basques en écoutant de la musique. J'apprends l'ennui là-bas. J'apprends les vagues là-bas. Quand je pars de Biarritz, j'ai toujours besoin de savoir quand j'y reviens. Il me faut une date retour. C'est vital. Un jour je prendrai un train aller pour Biarritz, sans plus aucun retour.

Frédéric Lenoir

La liberté apporte l'autonomie. Je ne dépends pas en permanence de tout ce qui est extérieur à moi, et ça me permet d'être beaucoup plus moi-même. *#37*

Au départ de maman, la maison est d'un seul coup devenue trop grande. Tout est rangé et trop rangé. Les chiffons, les placards, tout est lisse. J'ai même failli tomber sur le plancher en haut tellement il était glissant avec la cire. Ça me pique le cœur en même temps que les yeux de l'écrire, mais je ne me sens plus chez moi comme avant, à la maison.

Gringo, ce chat qui nous accompagne depuis des années, est parti trois semaines après maman. Il a dû sentir que les choses avaient changé. Agila est restée quelques mois, avant de partir elle aussi. Elle venait encore gratter à ma fenêtre tôt le matin, mais elle ne pouvait plus entrer dans la maison parce qu'il fallait « faire attention aux nouveaux canapés ». Elle a fini par partir, elle aussi. Les animaux ressentent tout. Comme les enfants. Ils ressentent le vide et le changement.

Tout est énergie, tout a un impact sur nous. Qu'on le veuille ou non, il en est ainsi. Le départ de maman a eu un impact sur mon cycle de lunes. Depuis cet été, je ne les ai plus.

Mamie, comment on fait quand le socle stable qui nous a vus grandir se transforme en sable mouvant ?

*

Quand j'ai compris qu'Agila ne reviendrait plus à cause des nouveaux canapés qui devaient rester nouveaux, j'ai eu envie de partir moi aussi. À quoi bon acheter des choses très chères si c'est pour devoir en prendre tellement soin qu'on ne les laisse pas vivre ? Moi j'aime les traces, l'usure, comme ces livres que l'on corne, que l'on surligne et que l'on plie. Pourquoi vouloir tout protéger de la vie et de l'usure du temps ? À tout vouloir protéger, on perd tout, surtout la vie.

C'est comme l'herbe du jardin qui est coupée très court et les mauvaises herbes qui sont désherbées. J'ai dit à papa que c'était plus joli d'appeler les mauvaises herbes des jolies herbes, parce qu'elles sont jolies et nécessaires, mais ça ne l'a pas convaincu. Je lui ai dit que la vie n'entrerait jamais s'il l'empêchait toujours de fleurir. Il rigole de me voir faire mes rituels de lune, mes manifestations et ma méditation. Mais, au fond, je vois que ça l'intrigue. Il m'a même dit : « Cette année, je vais devenir spirituel. »

Je lui ai dit que se libérer de ce besoin obsessionnel de contrôle lui changerait la vie. Puis j'ai vite compris que je prenais un rôle qui ne devait pas être le mien : celui de l'adulte pour mes parents.

Frédéric Lenoir

La liberté, elle se conquiert par cette capacité à dire non, à résister, et à faire des choix personnels, non pas des choix mus par la compulsion. *#37*

*

Je n'étais pas rentrée à la maison depuis cinq semaines. Dans la salle de bains, de nouvelles brosses à dents remplissent le pot. Tu sais, ces pots qui ont toujours un peu d'eau stagnante au fond. Le pot des brosses à dents.

Papa m'a dit : « Elle te ressemble beaucoup », en parlant de cette fille. Je me suis demandé comment certaines phrases, pourtant insignifiantes, pouvaient être aussi piquantes.

Doucement mais trop rapidement, la maison s'est remplie d'énergies nouvelles. J'ai dit à papa qu'il ne rattraperait pas le temps avec des enfants qui ne sont pas les siens. Il m'a dit : « Quoi ? », pour que je répète, mais il avait bien entendu. Il ne voulait simplement pas comprendre.

Encore, j'apprivoise l'éphémère, mamie. Mais il y a certaines choses que j'aimerais pourtant maintenir intactes, figées, stables. On a toujours envie que le socle familial reste solide. On a toujours besoin d'une boussole qui nous éclaire dans l'existence. J'ai le sentiment que cette boussole cherche le sud, qu'elle a inversé l'ouest : l'aiguille est perdue au nord et en même temps bloquée à l'est.

Si tout change petit à petit, tout change pourtant trop vite. Mais je ne peux rien contre ça. Si ce n'est de verrouiller la porte de ma chambre. Je suis encore plus forte maintenant, je crois. Pas autant que toi, mamie, mais je suis plus forte qu'avant.

Je crois que je deviens une femme.

Tiroirs de vies

J'ai retrouvé l'appartement de cette rue face à la Côte des Basques. En ouvrant la porte, j'ai reconnu son odeur et je me suis dit que ça faisait longtemps.

J'ai retrouvé l'appartement de cette rue face à la Côte des Basques et, avec lui, son canapé large, ses vinyles, l'odeur de sa lessive et de la wax qui traîne sur les étagères. J'ai retrouvé les planches de surf sur chaque pan de mur et l'océan au bout de sa rue.

Jongler ainsi avec sa vie, c'est fort. Ces vies que je m'invente sont comme les tiroirs d'une étagère que je décide d'ouvrir ou de fermer. Un jour, un tiroir. Tel tiroir, telle vie. Avec ses propres secrets. J'ai rouvert le tiroir de cet appartement face à la Côte des Basques pour huit jours. Avant de le fermer à nouveau. Pour en ouvrir un, inconnu encore.

C'est beau et c'est poétique toutes ces vies dans tous ces tiroirs, mais c'est fort. Il y a les tiroirs de mes vies et aussi ceux de mes projets, qui prennent tout autant de place dans ma tête. C'est long et périlleux de préparer un film, d'écrire un livre, de porter ses convictions, de faire parler les gens, tout ça simultanément. Je ne compte pas vraiment les heures, les sujets, les trajets, les rencontres, les lignes, les appels. C'est le prix à payer pour la liberté et ces métiers que l'on construit par passion.

*

Mes projets m'habitent et j'y pense tout le temps, avant de dormir, le dimanche, tout le temps. Même pendant mes footings. Surtout pendant mes footings. Il n'y a pas de bouton ON/OFF, pas de porte que l'on ouvre le matin et que l'on referme le soir quand il s'agit d'engagement. Mes actions font intrinsèquement partie de qui je suis. Je n'attends pas les soirées ni les week-ends pour commencer à vivre, mais je n'ai pas non plus réellement cette notion de « week-end ».

C'est fatiguant mais ça me rend heureuse. Même si, parfois, j'en ai marre de ces trains que j'aime tant. Il y a des semaines où c'est tous les jours, les trains. J'ai appris à faire mon sac en cinq minutes. Je ne réfléchis même plus à quoi y mettre. Parfois je ne le défais même pas. J'ai une vie dans mon sac.

En ce moment, j'entends bien que mon corps veut me parler. J'essaie de lui dire que j'ai compris, que oui, je l'entends, mais je ne l'écoute pas. Je le mets en veilleuse : « Tais-toi et vis. »

Je suis dure avec moi-même, mamie. Mais là ce n'est plus possible, les pneus sont crevés, je n'avance plus, *pchit*. Je ne peux plus remettre le repos à plus tard, ça devient vital. Il faut dormir. La jauge d'énergie se vide ces derniers jours et je suis à plat. Comme quand je suis tombée en panne d'essence sur l'autoroute et que, j'avais beau appuyer sur la pédale, la voiture n'avançait plus. Il fallait me mettre sur le côté et prendre le téléphone jaune pour appeler la dépanneuse.

Là, c'est un peu pareil. J'appuie, mais ça n'avance plus. Alors je me mets sur le côté en lisant au bord de l'océan. Les livres sont comme le téléphone jaune sur les bords d'autoroutes. Et l'océan est l'autoroute.

*

Avant de partir, j'ai lavé mon linge pour garder l'odeur de l'appartement de cette rue face à la Côte des Basques, encore un peu sur moi.

Réaliser que tout change tellement me donne de l'espoir. Qu'avec le temps, les doutes évoluent. Les relations aussi. Les peines s'apaisent, de nouveaux désirs naissent. Les envies s'affinent ou s'éclipsent.

J'ai le sentiment que tout ça n'est qu'un immense jeu. Que l'on avance les pions, parfois maladroitement, parfois avec brio. Les cycles de nos vies sont des chapitres. On peut choisir d'en gommer certains en les oubliant. D'autres s'agrippent à la mémoire, comme s'ils avaient été écrits au feutre indélébile.

Il y a les hasards qui rebattent toutes les cartes. Qui nous empoignent et font tout chavirer.

Il y a les hasards qui nous font râler, qui nous paraissent être des obstacles foireux. Et qui, un temps passé, prennent tout leur sens. « C'était pour ça. »

Il y a les hasards d'une rencontre, d'un coup de bol, d'un bol renversé, d'une montre retardée, d'un retard de train, d'un train loupé, d'une mauvaise note, d'un passage à niveau.

Il y a ces hasards qui déterminent nos vies sans qu'on les note et qui, un jour, prennent tant de place qu'on ne voit plus qu'eux. Jusqu'à jouer sa vie sur des hasards.

J'ai longtemps fermé les yeux sur les hasards. « Non, mais ce n'est pas fait exprès, c'est un coup de chance, ce n'est pas significatif. » Le jour où j'ai commencé à les provoquer, ils sont devenus omniprésents dans ma vie.

Les hasards ont ce magique pouvoir d'en entraîner d'autres.

Christophe André

L'anxiété, c'est la réaction à l'incertain. Et la vie humaine est incertaine.

On cherche à faire reculer nos angoisses existentielles par l'hypercontrôle : savoir exactement ce que je vais faire, combien d'argent je vais gagner, planifier mes vacances, planifier le remboursement de l'emprunt, planifier ma vie sentimentale en la verrouillant par un mariage. Tout ça, on peut le voir comme des manières de contenir, de limiter, l'incertitude. *#104*

*

Il y a cette citation de Nahman de Braslaw : « Ne demande jamais ton chemin à qui le connaît, car tu ne pourrais pas t'égarer », ou encore celle de Jeanne Moreau : « La vie, c'est ce qui vous arrive alors que vous étiez en train de prévoir autre chose. » Toutes deux évoquent ce qui nous échappe, ce qui est plus grand que nous, ce qui arrive, quelle que soit notre volonté. Un virus mondial qui nous pousse à rester chez nous, une rencontre sur un quai de gare qui bouscule notre vie, une tarte devenue tarte tatin par sérendipité.

Être réceptif aux hasards, c'est une façon d'être au monde, une forme d'observation, de présence, qui nécessite qu'on les accueille. Un peu comme un muscle que l'on travaille. D'abord, les imaginer. Les provoquer parfois. Ensuite, leur laisser de la place. Et, enfin, se les autoriser.

Il y a les hasards, et ce que l'on choisit d'en faire. Faire advenir une situation initialement vouée à ne pas exister, voilà une de mes plus grandes passions.

Jean-Louis Étienne

Le hasard, ça s'organise. Vous êtes sur le chemin de ce désir, et vous allez faire une rencontre qui va vous faire écho. Restez sur le chemin, même si la voie est difficile.

Il faut capter tout ce qui peut enrichir. Certaines fois, les chemins pour y arriver ne sont pas en ligne droite. On peut commencer à partir sur une voie qui va enrichir notre projet par la suite. D'autres fois, c'est une rencontre inattendue, c'est une lecture, c'est un film. Il faut avancer toutes les antennes dehors. *#101*

*

Aux hasards se mêle l'incertitude.

Tu sais, mamie, il y a cette expression : « Quand on cherche, on trouve. » Mais je crois surtout qu'on trouve quand on ne cherche pas. Je n'ai pas cherché les yeux de ce garçon pour y voir la terre. Je ne cherche pas l'inspiration pour écrire quand elle vient. Et quand je la cherche, elle est rarement fructueuse. Elle me tombe dessus, comme ça, inopinément : « Coucou, c'est moi. »

L'inspiration n'est pas prévue dans l'agenda – 10 h 04, tu écriras sur l'incertitude. Non. Ça ne fonctionne pas comme ça. Rien n'est jamais vraiment prévu, l'incertitude fait partie de la vie, il faudra s'y faire un jour. Malgré toute notre volonté de ranger les choses dans des cases, l'incertitude a toujours de meilleurs plans pour nous dans son cabas.

Tous nous passons par des états plus ou moins transitoires, qui nécessitent un ajustement permanent. Nos quotidiens n'ont rien d'une ligne droite, et cette ligne repose sur du sable mouvant. Il s'agit alors de trouver la stabilité en nous-même pour se trouver stable dans le mouvement.

Philippe Gabilliet

Il faut comprendre que toute vie, qu'on le veuille ou non, sera faite de bifurcations inattendues. Quel que soit votre avenir, il va être surprenant, et en particulier pour vous. Ce qui fait la vraie vie, c'est l'aléa.

Et la meilleure façon d'optimiser son rapport au monde, c'est d'être d'humeur à rencontrer l'inattendu. *#48*

Lauren Bastide

Je pense qu'on peut passer sa vie entière à chercher ce moment où on sera parfaitement stabilisé et, en fait, il ne vient pas. *#90*

*

Il pleut à Biarritz, mamie. Il est 18 h 45 et presque, déjà, la nuit s'est installée. On sent l'automne s'imposer. Les journées d'octobre se raccourcissent. On met moins de choses dans l'agenda. Plus de couches sur le dos et de place pour l'introspection, le bilan, le repli, la lecture, les chocolats chauds.

Mardi, un contrat que je devais signer pour m'assurer une stabilité financière pour les six prochains mois a été annulé. Mardi, je me suis dit que l'entrepreneuriat était vraiment instable et que c'était dur, parfois. Je suis sortie et j'ai passé l'après-midi à surfer. J'ai encore du mal à rester bien stable sur ma planche. Sur la vie aussi, ça tangue. Je me suis faite à l'idée que ça tanguerait toujours.

Et tu sais ce qui me fascine le plus, mamie ? La possibilité de pouvoir braquer le volant à tout moment, en tout lieu. Savoir qu'à chaque coin de rue je peux me réinventer.

*

Marc Levy

Je ne crois pas qu'on devienne écrivain du jour au lendemain. Il y a cette mystification du talent, qui découlerait du génie et non du travail. C'est très rarement le cas. Je crois que c'est surtout une question de travail.

Quand j'ai écrit *Et si c'était vrai*, je n'étais pas du tout en train d'imaginer que j'écrivais un roman. Je m'offrais un moment de distraction. Après, il y a eu le destin, la vie, qui a fait que le manuscrit a été envoyé à un éditeur, puis lu.

Aujourd'hui, ma chance m'oblige à travailler encore plus pour la mériter. *#85*

*

Valser avec le temps et les incertitudes, voilà la plus belle danse que je connaisse. Laisser l'inconnu prendre sa place, m'autoriser le vide, les surprises, les plans défaits, les détours et l'adaptation.

Quand l'inspiration me vient, je m'arrête, j'ouvre les notes de mon téléphone, et j'écris, je valse, j'arrête le temps. Où que je sois, quoi que je fasse, parfois dans la rue. Je fais alors partie de ces gens qui sont sur leur téléphone dans la rue. Parce que j'écris souvent. Après je suis en retard à mes rendez-vous, mais ça, ce n'est pas grave.

Avant, j'étais toujours en avance ; c'était quand j'étais stressée. Après, j'ai été toujours pile à l'heure ; c'était quand je devenais grande. Et maintenant, je suis toujours en retard ; peut-être que je suis redevenue une enfant qui ne court plus après le temps.

*

Fabrice Midal

Plus on veut être dans la sécurité et refuser l'imprévisible, plus notre vie est fade. Refuser l'imprévisible, c'est refuser la chance, la rencontre, le mouvement. C'est se coincer.

Quand la sécurité est totale, on étouffe, il n'y a plus de vie, plus d'aventure, plus de métamorphose. *#97*

Le temps est un sacré malin

Le temps est un sacré malin, mamie. Il adore jouer à fuir. Il se cache si bien qu'il nous manque tout le temps. Il nous échappe, mamie. Il s'écoule et on passe nos vies à tenter d'ajuster l'orientation du sablier.

Le temps est ce truc sans lequel le changement ne serait pas. Sans lui, rien n'est, et rien ne naît. Pas de saisons, pas d'arbres qui perdent leurs feuilles à l'automne, pas de livre qui prend forme. Le temps est un peu comme la matière noire dans l'univers. Il fait passer les choses et les gens et les pensées et les émotions et les ressentis et les pétales et même l'odeur du linge propre. Le temps et l'éphémère, voilà deux mots qui sont devenus mes acolytes après avoir été mes pires sources d'angoisse.

Il est beau le temps et encore plus depuis que j'ai arrêté de courir après lui. Il aura fallu l'apprivoiser de même que l'incertitude pour que, curieusement, il ralentisse. En passant au scanner les choses essentielles de nos vies, j'ai compris que l'on passait notre temps à le gaspiller, le temps. On s'agite dans tous les sens, mais pour du vent. On fait du vent, mamie.

Paul Pyronnet

Le lâcher-prise, c'est la capacité à accueillir une situation qui ne se présente pas comme moi je l'avais imaginé. *#73*

On emprisonne le temps à trop vouloir le cloisonner. On le fuit à trop vouloir le saisir. On ficelle le temps et, avec lui, l'incertitude. Elle dérange, l'incertitude. Elle se tait. Elle frappe, mais elle se tait. Elle nous ennuie et on a peur de l'ennui. On l'écoute en silence, et il faut lui faire de la place pour l'entendre. Elle est la petite voix qui sait ce que nous ne voyons pas encore. Elle est ce qui chamboule sans prévenir. Pourtant, quoi que l'on veuille, quoi que l'on fasse, on ne pourra jamais lutter contre l'incertitude. Soit on apprend à nager avec, soit elle nous aliène.

Je ne nage pas encore très bien, surtout le crawl, mais je l'aime bien maintenant, l'incertitude. On est vraiment devenues amies et je vis mieux depuis que je lui fais confiance. Elle me fait aussi confiance. C'est une histoire de confiance mutuelle, avec l'incertitude.

Pour le crawl, tu te souviens ? J'ai mis tout mon argent de Noël dans des cours de natation quand j'ai candidaté à *Koh-Lanta*. J'avais 18 ans. Je m'étais dit : « Dès que je suis majeure, je fais *Koh-Lanta.* » J'avais passé trois sélections sur cinq. Je m'y voyais. J'y croyais. Et puis on m'a fait tenir une pancarte avec un numéro, on m'a posé tout un tas de questions qui déstabilisent, on m'a filmée, et on ne m'a jamais rappelée. Je me suis dit que c'était étrange de devenir majeure. Que le monde des adultes était brutal.

C'est peut-être ce jour-là que je me suis promis de rester une enfant pour toujours.

*

Philippe Croizon

Très souvent on me dit : « C'est quoi, ton meilleur souvenir ? »

La réponse est très simple, mon meilleur souvenir, c'est demain. J'ai encore plein de trucs dans ma tête à réaliser. L'impossible, c'est juste nous. Même si c'est dur, va au bout de ton rêve.

Tu es propriétaire de ta vie. Il n'y a qu'une personne qui peut décider, c'est toi. *#53*

Fabien Olicard

Tous les jours, vous vous levez avec 1 440 minutes devant vous. Vous les aurez jusqu'à un certain moment, mais vous ne savez jamais quand. Ces minutes ne peuvent pas s'économiser, et le temps étant lié à de l'énergie, ça ne dépend que de vous de savoir ce que vous voulez en faire. En termes d'émotions, de productivité, d'oisiveté, peu importe, mais soyez bien en accord avec vous-même parce que c'est une grande richesse d'avoir 1 440 minutes par jour. Il faut juste décider quoi en faire, plutôt que de laisser les autres et les choses décider à notre place. *#46*

Je m'amuse de ceux qui courent en disant qu'ils n'ont jamais le temps. Parce que apprivoiser l'incertitude, c'est finalement se détacher de la prison du temps. Et je crois comprendre que si on fait des plannings aussi serrés, c'est pour tenter de garder sous contrôle cette incertitude qui nous échappe. Les cases, les plans droit devant qui minimisent les surprises et les détours, c'est empêcher à la vie de s'exprimer. C'est empêcher le temps de ralentir.

Tu sais, on nous a toujours dit que c'était normal de poser des étiquettes sur les choses et les gens, de tout anticiper, de tout contrôler. On a peur de la vie, alors on compartimente nos vies sous des étiquettes. Vies étiquetées, vies modelées.

Mais je crois que la vie passe d'autant plus vite quand on la range dans des cases et des routines. Dépasser les lignes, sortir de sa zone de confort, c'est s'ouvrir à un état d'éveil qui nous dépasse. Cet état d'éveil apporte au temps une dimension nouvelle : on ne compte plus le temps, on ne regarde plus sa montre, on est pleinement aspiré par l'instant et les secondes se décuplent. Les opportunités se dessinent parce qu'on est dans un état d'éveil permanent. Et c'est ainsi que, pas après pas, notre vie se déroule.

Elle ne se « construit » pas : elle est, elle se ressent.

Frédéric Lenoir

On apprend à lâcher prise, à ne pas vouloir tout contrôler. On accepte de sortir de notre zone de confort, dans laquelle on a construit notre monde en fonction de ce qui nous rassure. *#37*

Bruno Patino

Je crois que bien se préparer à la vie, c'est juste être attentif aux rencontres. *#98*

*

Tu sais, mamie, je laisse des traces dans les livres qui passent entre mes mains. Elles restent indélébiles malgré l'impermanence des choses et le temps qui file. Celui qui retrouve ces coups de crayon et ces pages cornées dans mes livres me connaît vraiment. J'ai laissé trois livres sur la table de chevet du garçon aux yeux dans lesquels on voit la terre. Peut-être qu'il saura lire entre les lignes d'Éric-Emmanuel Schmitt ou de Rainer Maria Rilke.

Finalement, je comprends que vivre avec l'incertitude, c'est apprendre à lire entre les lignes de la vie pour jongler avec les hasards du destin. Comme quand tu fais tes recettes au pif, mamie. Toi aussi, tu jongles avec l'incertitude. *Hop*, un peu de farine par-ci, du sel par-là, quelques noisettes, le temps est humide aujourd'hui, le gâteau restera au four un peu plus longtemps, et on verra bien. Et tu vois, le destin fait toujours de bons gâteaux. Jamais ceux que tu avais imaginés, mais toujours surprenants.

Christophe André

Il y a des façons d'être plus serein qui relèvent de l'hygiène de vie :

La sérénité commence dans le corps. Si je bois trop d'alcool, que je fume, que je ne dors pas assez, que je ne suis pas assez au contact de la nature, j'aurai du mal à avoir un certain équilibre.

Une vie humaine dans laquelle on ne s'impose rien, on ne se fixe aucune contrainte, sur laquelle on n'exerce aucun contrôle, c'est une vie qui nous expose à être ballotté par les gens, par les événements, par les circonstances, par les émotions. Pourquoi pas, mais on sera moins acteur, plus suiveur.

D'autres relèvent de questions plus philosophiques et existentielles :

Ce qui m'a beaucoup aidé, c'est le jour où j'ai accepté que l'adversité est le loyer de la vie. Les ennuis, les pépins, les échecs, les chagrins, c'est au programme.

On perd beaucoup d'énergie à anticiper les ennuis. Il faudrait adopter l'attitude existentielle qui consiste à se dire : « Il y en aura. » et quand c'est arrivé, se dire : « OK, je fais quoi avec ça ? Quelles leçons, quels enseignements ? »

On n'a pas d'autre choix que d'accepter le réel. L'accepter, ça fait baisser d'un cran nos angoisses.

Il existe une souffrance qui vient de nos constructions mentales :

Échouer, c'est une chose. Échouer et partir dans des ruminations du type « Tu es nul, laisse tomber, tu n'y arriveras jamais » en est une autre. Ce sont des auto-intoxications qui pèsent beaucoup plus lourd que les échecs en eux-mêmes. *#104*

Tu comprendras quand tu seras grande

Mamie, tu me dis que la vie passe vite, qu'elle file, qu'on ne retient rien d'elle, que le temps s'envole, comme ça.

J'ai 25 ans aujourd'hui. On m'a toujours dit : « Tu comprendras quand tu seras grande. » Pourtant ça y est, je suis grande, mamie. Et plus je grandis, moins j'y comprends quelque chose. Plus je me pose de questions, plus je comprends que personne ne comprend. Je pensais que les questions, c'en était fini, ou qu'il y en aurait moins. Mais non, les questions, il y en a de plus en plus. Alors j'écris, tous les jours, dans des carnets, sur des pages Word, partout, pour tenter de rattraper ces questionnements. Mais plus j'écris, plus je me questionne. Et plus je me questionne, plus j'écris. On est tellement à traverser nos vies dans le déni, mamie. Tellement à attendre que ça passe, tellement qui « font avec et puis c'est tout ». Je ne peux pas me contenter de ça, ça brûle dehors. Et autant à l'intérieur.

*

J'ai écoulé le premier quart de ma vie. C'est drôle de voir ainsi une jauge descendre. Le sablier s'écouler.

Qu'est-ce que l'on retient d'une vie, mamie ? Les bivouacs volés à la nuit ou les sommeils bordés ? Les instants autorisés ou les instants loupés ? Les amours manqués ou les wagons rattrapés ? Est-ce qu'il y a un ordre chronologique prédéfini à l'enchaînement des événements ou est-ce que, inévitablement, ils nous échappent ? J'ai le sentiment que rares sont les choses prévisibles. Je crois surtout aux bruits de fond, aux bruits sourds, qui, un matin, quand on a le dos tourné, se mettent à résonner très fort sur le *dance floor* jusqu'à inonder nos vies. Il y a alors des sensations uniques, qui s'impriment, deviennent indélébiles et marquent le corps tout entier. Il y a ces montées d'adrénaline qui donnent à la vie toute sa saveur. Il y a des « et puis au pire, allez », qui transforment le cours d'une existence.

Raconte-moi tes « et puis au pire », mamie.

*

Ma vie s'est déroulée jusqu'à aujourd'hui sur la base de ressentis. Pourtant, je ne me suis pas encore totalement libérée de ce « la vie, c'est dur, le travail, c'est dur ». Je suis toujours réticente à m'autoriser mes passions. Par exemple, à prendre toute une matinée pour écrire ou pour lire. C'est comme si je culpabilisais de le faire. Pourquoi ai-je tant de mal à libérer une heure entière de lecture dans une journée ? Pourquoi cette tendance à l'autosabotage, à faire passer au second plan ce qui me fait le plus de bien ?

Ce matin, j'écris. Toute la matinée. Et je réalise la chance de cette vie sur mesure, salée de liberté, que je me suis créée à 25 ans. Bordel. Je peux le dire, bordel, mamie, parce que ça n'est pas tombé du ciel.

Est-ce qu'on appelle ça une chance, quand on l'a soi-même provoqué ?

Satish Kumar

Ne cherche pas un travail, invente un mode de vie et tu verras des miracles. *#138*

*

Parfois je me dis que c'est trop beau. Qu'un jour, tout ça va s'arrêter. Qu'il faudra bien signer un CDI. Faire comme tout le monde.

Parfois, je me dis que tendre un micro jaune avec un œil dessus ne fait pas une vie. Que prendre tous ces trains pour parler au monde ne fait pas une vie. Qu'écrire des choses banales sur la vie banale des gens et sur la sienne propre ne fait pas une vie. Pourtant, si : lorsqu'on est à sa place, les rencontres, les idées, les opportunités, les événements, tout arrive, tout fuse, tout est fluide, tout devient possible.

Je ne sais pas plus qu'hier de quoi demain sera fait. Ce dont je suis sûre, c'est que faire ce que je fais est devenu une urgence. Ça me colle à la peau, je peux difficilement m'imaginer ailleurs, à faire autre chose. Il y a tant à réparer, tant à éveiller.

Je ne sais pas comment font les grands passionnés pour ne pas s'abandonner dans leur travail. Est-ce qu'il est inévitable d'enchaîner les cafés et de s'enfermer des heures dans un bureau pour créer ? Est-ce que les grands accomplissements peuvent être, sans cela ?

Continuer d'avancer, avec conviction et énergie, sans se laisser arrêter par la conscience de la finitude. Là réside la vraie force du courage.

L'amour et autres gargouilles dans le ventre

L'autre jour, Rebecca m'a dit que je faisais peur aux garçons. « T'es impressionnante comme nana, il faut qu'on puisse se sentir à la hauteur, qu'on atteigne ce petit noyau en toi qui montre que t'es une fille comme les autres aussi. » Voilà ce qu'elle m'a dit. Je n'ai pas su lire ce message de Rebecca. Il m'a touchée, mais je n'ai pas su le comprendre. Et puis elle m'a dit : « Tu vas sûrement rencontrer des garçons un peu plus comme moi, qui ont besoin de temps, de connaître les petits détails. Il ne faut pas brusquer l'autre parce que tu ressens trop vite les choses. Profite comme tu sais le faire, sois folle comme tu sais l'être, ne brusque pas une situation qui pourrait arriver naturellement avec un peu de temps. » Là, j'ai un peu mieux compris ce qu'elle voulait dire.

Mamie, tu ne m'as pas dit comment faire avec les garçons. C'est bon, je sais coudre et trouver des champignons maintenant, alors tu peux m'expliquer l'amour ?

*

Je suis à cet âge-là où je ne sais pas si j'ai déjà croisé l'homme de ma vie.

Je suis à cet âge-là où je ne sais pas si vraiment on aime quelqu'un pour une vie entière.

Je suis à cet âge-là où je ne sais pas encore si j'aurai un, plusieurs, ou pas d'enfants.

Je suis à cet âge-là où je chemine seule parce que c'est la plus grande des forces que j'ai trouvée à m'offrir.

Je suis à cet âge-là où tout autour de moi, les gens se rangent, se conforment, se plient.

Et moi j'observe, je pense, j'explore le monde.

*

On ne m'a pas dit pourquoi des messages avaient ce pouvoir d'apaiser des journées trop remplies.

Ce prénom, quand il s'affiche sur mon téléphone, il me fait quelque chose. Mais tu n'as pas connu ça toi, mamie. Les vocaux, les messages en instantané.

Vous vous écriviez des lettres. C'était beau. Ça donnait une autre profondeur aux mots. Vous saviez ce que vous écriviez, c'était pensé longtemps avant d'être écrit, parce qu'une fois l'encre posée, on ne pouvait pas cliquer sur le bouton « effacer » pour recommencer.

Autant tu me dis extravertie, autant avec les garçons je deviens vraiment timide. Et puis la confiance, ça prend du temps. Avec soi, avec les autres. Je ne suis pas de celles qui foncent tête baissée sans penser à l'après. Enfin si, tu le sais bien, mais avec les garçons, non. Je crois que j'ai trop peur qu'on vole mon cœur, mon indépendance, ma liberté.

J'ai trop peur de l'amour et de ce qu'il implique. Souvent on m'a dit : « Mais, Victoria, profite, tu es jeune, chope pour un soir, tu t'en fiches. » Je ne sais pas faire, mamie. Vous aussi, être jeunes, c'était ça ?

Choper le coup d'un soir ? Je ne sais pas voler les cœurs. C'est trop précieux, l'amour, pour être volé. On m'a dit qu'il suffisait de le faire une fois pour que ça devienne normal. Mais je n'ai pas envie de jouer avec ça.

À 12 ans, j'ai dit à Aurélie que j'étais amoureuse de Jean. C'est le premier garçon qui a réveillé mon cœur. Un soir, Jean m'a embrassée et ne m'a jamais plus donné de nouvelles depuis. C'est comme ça qu'on vole les cœurs, mamie ?

Félix Radu

Ce qu'il y a de plus beau encore, c'est d'aimer. Ça, c'est un vrai challenge. Ça, c'est une vraie histoire. Lorsqu'on décide que la personne qu'on a en face, on va l'aimer. C'est un choix. Ce n'est pas un état, on le décide. On décide qu'on va vivre une histoire et qu'on va tout faire pour que ça aille, que ça marche. *#36*

*

Avec le temps, je comprends qu'il y a plusieurs amours. Les amours naissants qui soulèvent les cœurs. Les amours destructeurs. Ceux qui ne sont jamais rassasiés, qui attendent d'être comblés, qui sont sourds et dépendants. Ceux qui nous font nous sentir incomplet, vide, lorsqu'on se retrouve seul. Et qui laissent un vide immense quand ils partent.

Il y a les amours rêvés et espérés. Les amours qui ne s'expliquent pas, qui forment des connexions au-delà de tout. On sait, on sent, on n'a pas à formaliser, pas à dire, c'est là. Même quand c'est impossible, c'est là. Il y a les amours auxquels on s'agrippe comme s'ils allaient nous sauver. Il y a les amours qui traversent les années. Il y a les amours qui conditionnent l'état d'une journée. Il y a les amours d'une vie et les amours par habitude. Il y a les amours fantasmés. Il y a les amours provoqués. Les amours loupés. Il y a les amoureux de l'amour.

Parfois, j'ai envie d'avoir des bras dans lesquels m'emmitoufler. Et de m'y perdre. De m'oublier dans ces bras. Ne plus jamais m'en séparer. C'est peut-être ce qui me fait peur, avec l'amour. Ne plus pouvoir m'en défaire si j'y touche.

À quel moment on décide de s'abandonner dans les bras d'un autre, mamie ? À quel moment on décide de s'engager dans une vie avec quelqu'un ? Pourquoi tant de couples persistent quand plus rien ne va ? Pourquoi attendre, pourquoi essayer et s'acharner à recoller les morceaux d'une relation salie ? Est-ce un manque de courage ? Est-ce moi qui suis encore trop jeune pour comprendre la vie des grands ? Est-ce par habitude ? Est-ce par facilité ?

Il faut dire que voir ses propres parents se déchirer, ça questionne sur l'amour. Beaucoup de parents se déchirent. Trop peut-être.

*

« Je n'aime plus maman. »

Cette phrase a eu l'effet d'une épine plantée dans ma peau et infectée depuis longtemps qu'enfin on retirait. Un effet de soulagement. En même temps, j'ai eu très mal. Comme si cette épine avait été remplacée par une autre, plus épaisse encore.

J'ai d'un seul coup bu trois bols de soupe. Moi qui me sentais déjà trop grande pour mon âge avec mes tisanes du samedi soir.

On réalise toujours les choses autrement lorsqu'elles arrivent vraiment.

*

Au fond, on évitait de le voir, mais on le savait. C'était comme un bruit de fond permanent depuis qu'on était petits. Ça devait arriver mais ça n'arrivait jamais. Combien d'années se sont écoulées avec ce « Après tout, pour ce qu'on a construit, autant continuer comme ça » ? Il y en a tellement, des situations qui se ternissent par habitude, qui se tissent avec le temps et qu'on laisse filer.

Les enfants comprennent tout. Peut-être même avec une plus grande lucidité que les adultes. On s'était habitués à ce que papa et maman ne se parlent pas, à ce que le JT prenne la place des discussions pendant les repas, à ce qu'ils se croisent en s'ignorant, à ce que maman dise : « J'ai trouvé deux tickets de cinéma dans les poches de ton père. »

Margaux m'a dit de ne pas être pudique et de vider mon sac en écrivant, mais il y a des blessures qui ne pourront pas être partagées. Elles resteront écrites pour moi. Dans mes carnets. Tout ne peut pas être dit. Mais tout se ressent.

Alexandre Jardin

Dès lors que l'on s'engage complètement dans un amour, il y a quelque chose qui se libère fondamentalement. Si j'aime petitement, je vais vivre petitement. Abandonnez-vous à l'amour, vous vivrez majestueusement. *#63*

Alors, tu as rencontré quelqu'un ?

Depuis la séparation de papa et maman, je me demande comment on peut tant aimer quelqu'un un jour, et devenir pour lui un parfait inconnu le lendemain. Comment une personne au centre de toute notre vie un lundi peut disparaître de nos pensées un mardi ?

Quand je t'appelle, mamie, une fois sur deux tu me demandes : « Et maintenant, il y a un petit copain ? » Ça me rappelle cette expression, « refaire sa vie ». Comme si on ne pouvait pas faire sa vie soi-même. Comme si, indéniablement, il fallait une épaule sur laquelle poser sa tête pour traverser son existence.

L'autre jour, papa aussi m'a demandé : « Alors, tu as rencontré quelqu'un ? » Je lui ai dit que c'était tous les jours que je rencontrais l'amour. Il n'a pas bien compris, alors je lui ai dit : « Mais oui, papa, tout est là. » L'amour est partout.

Dans les cœurs sur les cafés d'Audrey, dans les sourires que l'on croise, chez Pascal le boulanger qui m'explique l'histoire de son levain, dans une méditation profonde face à l'océan, chez ce papi qui m'a souhaité un bon appétit en pique-niquant au bord du lac d'Annecy. L'amour est dans ces carottes que je vois grandir dans mon potager, dans une fleur, dans un « Comment vas-tu ? » sincère, dans la danse des grues qui annonce le changement des saisons. L'amour est partout. Surtout dans les sourires maladroits qui traduisent ce qu'on n'arrive pas à dire.

Quand j'ai ressenti l'omniprésence de cet amour, je ne me suis plus jamais sentie seule. Je n'ai plus ressenti ce besoin vital que quelqu'un vienne combler un manque. Je suis remplie par le simple fait d'être vivante. Et peut-être que l'on devrait tous ressentir ce profond alignement avant de s'engager dans une relation amoureuse. Ça éviterait bien des déchirures de cœur.

Mathilde Depaulis

Il y a beaucoup de croyances comme : « À partir d'un certain âge, on ne peut plus rencontrer personne. » Mais en amour, il n'y a pas de règles. L'amour a tellement de facettes et parfois on s'interdit des choses. *#56*

*

Tu sais, je n'y comprends pas grand-chose à tout ça, mamie. J'observe simplement. Encore. Mais je me dis que, quand même, on oublie souvent d'apprendre à s'aimer soi-même avant de s'aimer ensemble. Et puis finalement, ce qui compte peut-être, c'est simplement de ressentir. Goûter ces rencontres qui nous font vivre plus fort, plus intensément.

Je vois bien que papa ne me comprend plus. Maman non plus d'ailleurs. Ils ne me regardent plus comme une petite fille. Mais comme une femme.

Papa est nostalgique du temps qui passe. Il se retourne sur sa vie et se demande ce qu'il en est.

Il a des regrets, je le lis dans ses yeux. Il tente de rattraper, avec deux enfants qui ne sont pas les siens, le temps qu'il n'a pas pris avec nous. Il donne l'amour qu'il n'a pas su nous montrer à deux enfants qui ne sont pas les siens. Papa a peur du vide et du rien. Il fuit et il se fuit. Il fait des choses tout le temps, pour se dire qu'il fait. Le soir, il regarde la télévision, pour s'anesthésier face à un manque de sens. J'essaie de lui dire des choses qu'il ne veut pas entendre. Alors, je les écris dans un livre, en espérant que l'encre imprimée sur une page blanche l'aide à mieux accueillir ces réflexions.

*

Il n'y a toujours eu que le travail dans la vie de papa : « La vie, c'est le travail. » J'ai été biberonnée à ça depuis toute petite. Avant de donner le biberon aux veaux. Ça m'a aussi aidée. Sans ces biberons, ce livre ne serait pas.

Papa est de cette génération qui, comme la tienne, mamie, a cru en un modèle capitaliste aujourd'hui désuet. Ces générations ont toujours vécu dans le conformisme. Ces générations sont tombées amoureuses jeunes, pour vivre ensemble jeunes, et construire une vie à deux jeunes. Vous ne vous posiez pas toutes les questions qui nous traversent aujourd'hui. C'est d'ailleurs un luxe de pouvoir nous les poser. Vous, vous faisiez. Vous répétiez les schémas. Finir les études, trouver l'amour, s'installer, construire. Avancer dans la vie ainsi. C'est pour ça que tu as tant de mal à me comprendre, mamie. Les années de solitude, de découverte de soi, vous les avez zappées. Il fallait faire, enchaîner. Perpétuer les modèles.

La solitude était un gros mot. Elle l'est toujours un peu. Pourtant, elle s'apprivoise. Elle n'est pas à fuir, mais à endosser. Pour être plus fort.

Maud Ankaoua

On ne peut arriver à une relation amoureuse que lorsque l'on est entier et rempli de soi, sinon on va chercher à combler une carence que l'on a à l'intérieur. *#60*

Alexandre Jardin

Demandez à la vie de l'immense, et il y aura de l'immense. Si vous demandez du minable, il y aura du minable. Ayez cette joie-là. Attendez-vous que le sublime vous tombe sur le coin de la figure. Parce qu'on est construit pour ça. *#63*

*

J'aimerais pouvoir dire que je m'enferme plusieurs nuits et que le livre sera bouclé : emballez, c'est pesé, Margaux, ça y est, c'est fini, cadeau. Mais je n'aime pas travailler la nuit et j'ai le sentiment que c'est un truc d'écrivain de s'enfermer des heures durant pour écrire. Un verre de vin sur la table, les clopes qui défilent dans une main, l'ombre de la nuit et la lune qui vient éclairer le bureau. Le cliché des grands auteurs. Mais je ne bois plus, je ne fume pas et je ne me considère pas tellement comme une écrivaine.

Pourtant il est 22 h 22, c'est une heure miroir, la lune est pleine et elle pourrait bien éclairer le clavier. Alors je pense et j'écris.

Raphaël de Casabianca

Ce qui me touche le plus dans une rencontre, ce sont les silences. La relation se tisse par tout ce qui n'est pas exprimé. Il y a ce qu'on se raconte, et ce qu'on se donne sans se raconter. *#84*

Un regard appuyé un peu trop longtemps

Tu sais expliquer toi, mamie, pourquoi certaines personnes serrent nos cœurs plus que d'autres ? Tu sais expliquer, toi, ces connexions qu'aucun mot ne peut décrire ? On ne peut pas lutter contre, on ne peut pas les contrôler. Essayer de le faire les décuple.

Je ne connais presque rien de ce garçon. Ce garçon qui a appuyé son regard un peu trop longtemps dans le mien. À ce moment précis c'était déjà trop tard, j'allais penser à lui souvent. Je ne savais pas que ce regard appuyé un peu trop longtemps dans le mien m'aiderait à écrire.

Il met des post-it partout dans ses livres parce qu'il aime lire. Lui aussi. Il commence beaucoup de livres, qui s'empilent à côté de son lit et ne sont jamais finis. Des piles avec plein de post-it qui dépassent de ses livres selon les phrases qui l'ont touché. Si ses livres s'empilent, c'est qu'il est hyperactif. Encore un « hyper ». Tout le temps dans l'eau, derrière son bureau, des baskets aux pieds, à droite ou à gauche.

Lui aussi a peur du temps qui s'échappe. Il tente de le retenir. Très maladroitement, mais il tente. Non loin de l'océan, des étoiles et des crêtes rocheuses. Lui aussi. S'il me semble étranger, j'ai en même temps l'impression de tout comprendre de lui.

La pile de livres qui grossit sur notre table de chevet symbolise un temps qui nous échappe. Celui qui tient sa pile de livres à jour a alors trouvé comment retenir le temps.

Flore Vasseur

La magie de l'amour, du regard qui s'attarde, des mains qui se frôlent, j'espère que vous la vivez. Regardez-vous avec douceur, il n'y a pas de petites étoiles à mettre, il y a de petites étoiles à vivre, à ressentir et à propager. *#51*

*

Ça fait plusieurs semaines qu'on ne s'est pas vus, pas croisés, ni parlé. Pourtant il habite toujours en moi. Il s'y est installé. Sans demander, sans prévenir, il reste là sagement dans un coin. J'ai appris à cohabiter avec sa présence dans ma tête et à y trouver une douceur flottante. Pendant ces semaines d'absence et de silence, il est devenu mon cap. Celui de cet été où, je le pensais, je le retrouverais. J'ai cultivé en son silence l'inspiration et les ressources. Le sens de l'amour authentique et profond.

La vie avait toujours pris un certain plaisir à croiser nos routes. Alors, à mon retour, je ne voulais sa rencontre que due au hasard. Sur mon chemin habituel. Je savais qu'un jour je finirais par le voir descendre la côte. Et la simple idée de pouvoir le croiser à tout moment donnait un sourire à mes journées.

*

Et puis les jours ont passé. Et la vie semblait elle aussi avoir arrêté le jeu. Alors j'ai voulu forcer le destin. Pourtant, je repoussais chaque jour cette discussion. Je savais qu'elle trancherait la réalité et briserait mes espérances. J'imaginais une possibilité qui, je le savais, n'en serait plus une après cette discussion. Je voulais rêver encore. Imaginer encore.

Alors, j'ai fini par trouver du confort et même du plaisir dans l'idée d'un « peut-être ». Et ça me va bien, finalement, d'habiter avec ce « peut-être que oui, un jour ».

Tu sais, c'est le garçon qui a les yeux dans lesquels on voit la terre.

Chapitre 5

Vivre, tout court

Le destin a encore frappé, mamie,
à croire que je lui paie un abonnement mensuel.

Le bonheur à toutes les sauces

Les cafés préservent en eux toutes les vies et toutes les visions du bonheur. Il y a les habitués, qui viennent raconter les potins de la veille. Ceux que tu connais sans les connaître, à qui tu n'as jamais vraiment parlé mais qui sont là, tous les matins, et qui te reconnaissent. À trop souvent les voir, tu devines toute leur garde-robe. Tu sais s'ils prennent un latte ou un expresso. Tu pourrais prendre la commande pour eux. Pourtant tu ne les connais pas. Un hochement de tête, c'est tout.

Ce matin, les habitués du café parlent de la pluie. Enfin elle est là. On l'attendait tous. Je pense maintenant au soleil qui n'est plus là, me demandant quand il va revenir. Quand c'est là, on pense à l'après. C'est toujours comme ça, mamie.

Et après ? Qu'est-ce qu'il va se passer ? On est en couple, mais si ça s'arrête ? J'ai mon diplôme, j'ai signé mon premier contrat, mais quand il sera terminé ? Et si tout prenait fin ? On imagine ce qui pourrait être, ce qui aurait pu être, ce qui n'est plus, ce qui n'est pas.

J'ai longtemps cherché les fameux ingrédients du bonheur, quelles routines, quels petits *hacks* du quotidien pourraient me rendre plus heureuse. J'ai testé les *morning routines* bien minutées à la Hal Elrod, les plans de vie à long terme pour m'assurer un matelas financier stable. J'ai recherché des bras qui envelopperaient mon corps pour du réconfort tout doux, j'ai cherché ce qu'on m'avait dit de trouver, pour avoir une vie heureuse. « Quand j'aurai un amoureux, je serai heureuse. » « Quand j'aurai ce job, je serai heureuse. » « Quand j'assurerai tant sur mon compte en banque, je serai heureuse. »

Longtemps, j'étais en quête des ingrédients parfaits, cuits à point, pour goûter au bonheur marketé. J'ai observé. Encore. J'ai vu celles et ceux qui avaient, sur le papier, le bonheur magazine. Et qui, pourtant, se sentaient, encore, à côté de leurs pompes. Toujours à la recherche d'un plus. Ce plus qui « ferait que ».

Si je ressens un certain alignement au quotidien, souvent j'attends encore un « qui ferait que ». Je ne sais pas quoi, mais j'attends. Une suite, une validation d'être sur le bon chemin. J'attends encore qu'on me dise d'avoir confiance. En moi, en la vie. Il y a des jours comme ça, où j'ai le sentiment de ne pas en faire assez, de ne pas être assez, ou que demain tout va s'écrouler.

C'est comme si parfois je ne m'autorisais pas à vivre le bonheur. C'est un long travail que de s'autoriser à être heureux. J'attends le bug dans l'histoire, le hic, l'impasse, le feu rouge ou le panneau sur lequel on pourra lire : « Mais non, c'était une blague, c'était trop beau pour être vrai. Ahah. Tu es trop naïve. »

On croit toujours qu'on sera heureux demain, quand on sera plus considéré, quand on aura des choux dans le frigo, une nouvelle veste sur les épaules, un bisou et une bicyclette. Mais le bonheur de demain n'existe pas.

Le bonheur, il se goûte *maintenant*, sinon jamais. Le bonheur est partout autour de nous. Dans ces petits riens qui font tout. Dans ces détails que l'on voit, mais qui changent le quotidien dès lors qu'on apprend à les regarder.

Matthieu Ricard

On cherche le bonheur là où il ne se trouve pas : la réussite, la jeunesse éternelle, la célébrité, l'argent, la beauté physique. On voit des gens qui ont tout ça, qui sont au top de la gloire, ils sont beaux, célèbres, et on apprend qu'ils sont déprimés. *#108*

*

Il y a ce que l'on voit, et ce que l'on regarde. Ce jour-là, à regarder l'océan et la vie se lever, je me suis dit que j'étais la seule responsable de mon bonheur. La seule. Ce jour-là, j'ai compris qu'il y aurait toujours des rencontres, des amours, des conditions extérieures qui intensifieraient ce bonheur, ou tenteraient de le freiner. Mais dans le fond, au bout du bout, il n'y aurait toujours que moi pour décider du ton sur lequel commencer ma journée.

Tant que les oiseaux voleront, que les vagues déferleront sur la Côte des Basques, le bonheur sera là.

*

Frédéric Lenoir

Chacun porte le monde dans son regard, un homme qui est heureux quelque part sera heureux partout, un homme qui est malheureux quelque part sera malheureux partout. Le bonheur c'est à l'intérieur de nous, c'est la clé de tout. *#37*

*

Il était 20 heures, un soir d'été. Les rayons du soleil se réfléchissaient sur la surface de l'océan jusqu'à mon cou. J'étais face à lui, l'océan, et je me suis sentie profondément comblée.

J'ai su que jamais je ne pourrais être seule. Il y aurait toujours le soleil, la lune, les étoiles, l'océan, les montagnes avec moi. Ce jour-là, à cet instant précis, j'ai su qu'il s'agissait de m'aimer suffisamment pour ne pas me sentir désemparée à l'idée que les autres pourraient cesser de m'aimer un jour. Ce jour-là, à cet instant précis, je crois avoir goûté à une douce facette du bonheur. Peut-être une des plus pures.

Jonathan Lehmann

Quelles sont les histoires que je me raconte sur ma vie ? On ne souffre que de ce qu'on se raconte. On est soi-même notre plus gros frein au bonheur.

On a tous un mental tyrannique qui crée du stress, des angoisses, des peurs, des conflits, mais il y a une possibilité de transformer ce mental en outil de bonheur. *#22*

Frédéric Lenoir

Le fait d'être bienveillant, de souhaiter le bonheur des autres, ça suscite en nous beaucoup plus de joie que l'inverse. La malveillance, se réjouir de l'échec des autres dans la compétition, ça donne des petits plaisirs mesquins, mais jamais de grande joie. *#37*

Le bonheur sans mode d'emploi

Hier j'ai participé à une table ronde sur le sujet : « Faut-il déserter pour être heureux ? », au festival Chilowé. À la fin de la conférence, une femme a posé la question suivante : « Comment faire ? Je cherche ma place partout, je voyage, je découvre, mais je ne me sens nulle part chez moi. Je n'ai pas trouvé ce lieu qui me fait sentir le parfait alignement. »

La première pensée qui m'a traversée a été très égoïste : moi, j'ai la côte basque comme évidence. Et puis m'est venue une tout autre évidence à lui proposer : jamais on ne se sentira vraiment chez soi ailleurs qu'en soi-même. Au même titre que jamais l'alignement ne sera parfait. Je n'y crois pas, au parfait alignement. Je crois en la vie qui nous challenge perpétuellement pour que jamais nous ne cessions d'avancer, de grandir, de vivre, d'ajuster. Je crois en une balance qu'il s'agit d'apprendre à équilibrer, continuellement.

On se balade tous avec nos traumas, nos blessures d'enfance. Puis on compose nos vies avec ce gloubi-boulga. Il en est ainsi. Si la vie avait un mode d'emploi, tout serait quand même plus simple, mamie. Mais le destin a ce don de t'élever, t'élever, t'élever encore. Et puis de te lâcher dans la nature, comme ça. *Bam*, tu avances maintenant à l'aveugle. Il en est ainsi.

Anaïs Vanel

C'est un grand mot, le bonheur. Comme si c'était une espèce de terre promise qu'on atteindrait à la fin d'un long périple. Pour moi, ce long périple ne prend jamais fin. Ce long périple, c'est la vie. #57

Mathilde Depaulis

Faire quelque chose d'énorme de tout petits riens. C'est ça, le bonheur. #56

Arthur Auboeuf

Plus tu cours vers le bonheur dans le monde matériel, plus tu t'en éloignes. C'est comme si tu courais à reculons. Toutes les cartes du bonheur qu'on nous vend depuis qu'on est tout petit servent juste à alimenter un modèle, mais il n'y a rien de ce que l'on nous vend comme « le bonheur » qui puisse nous rendre heureux. *#77*

Fabrice Midal

Le bonheur, c'est la capacité à être en rapport avec une forme d'enthousiasme. C'est être pris par un élan de vie qui fait qu'on est prêt à avancer. Ce qui nous rend heureux, c'est quelque chose qu'on invente. *#97*

*

Je me sens tellement vivante, mamie. Il y a des moments, comme ça, qui t'emportent complètement. Sans alcool. Sobre. Tu ressens la vie très fort, tu as envie d'écrire n'importe quoi, de crier haut, de danser partout.

Je ne bois plus d'alcool depuis huit mois. C'était devenu une habitude, de prendre des *shooters* qui font tourner la tête quand on retrouve ses amis. Mais j'ai trouvé mieux encore : pouvoir tous les jours me faire tourner la tête avec la vie. Sans avoir à retrouver mes amis, ni à attendre le soir ou un quelconque autre ingrédient cuit à point pour ressentir ces vertiges de vie. C'est en moi, c'est en tout. C'est comme être ivre en permanence. Je l'active quand je veux, où que je sois.

Tu crois que c'est à force de lire et de méditer, mamie ? Je comprends que l'on a tous la responsabilité des rêves. Et le choix de les enfouir. Ou de nous en saisir.

Alexandre Jardin

Si on veut faire quelque chose, on décroche son téléphone. Au pire, on nous raccroche au nez. *#63*

Récits du Maroc, voyager seule

Un jour, j'ai compris que rien ne serait plus précieux pour moi que les voyages puisqu'ils avaient cette force : celle de faire jaillir le neuf. Par voyages, je n'entends pas forcément les évasions lointaines long-courrier. J'entends la possibilité de prendre la route, quand tout le monde s'agite. J'entends le mouvement, l'exploration du quotidien dans tout ce qu'il comporte. La découverte de l'ailleurs, en France, au bout de la rue, dans le jardin de son voisin, en Europe, en train et en bus.

Ce matin-là, mamie, j'ai renommé ma boîte mail « pas touche ». J'ai mis dans mon sac une brosse à dents en bois, une pierre d'alun, de l'huile de jojoba, trois t-shirts, deux shorts, un pantalon, une robe et une jupe, un maillot, quatre livres (pardon cinq), un carnet et un stylo. Quelques autres petites choses mais rien de trop. Moins il y en a, plus on se vide, plus on ressent. Je suis partie seule, au Maroc, avec ce sac à dos, vingt jours, sans prendre l'avion.

Il y a une forme d'insolence à s'autoriser cette facette-là de la liberté. Une fois par an, j'essaie de couper vingt jours et de partir, seule. Introspecter, laisser décanter ma vie, trier les pensées, laisser les futilités, accueillir l'inspiration. Le voyage, le dépaysement, la perte de mes repères, c'est une façon bien personnelle que j'ai trouvée pour étirer le temps. Pour lui donner une autre profondeur.

Je suis sortie de ma chambre, et j'ai attrapé un train. Puis un deuxième, un troisième, autant de trains jusqu'au Maroc. Je suis partie manger les kilomètres à travers les fenêtres des trains et des bus. J'ai laissé mon mental au placard en partant, et je suis allée goûter la vie. J'ai fui les hôtels et les draps repassés, les vacances plates et douces sur du sable blanc. J'avais soif d'aventure, d'inconnu, d'oubli de moi-même pour me retrouver.

*

Trois jours après mon départ, je me suis retrouvée chez Karima et sa famille, dans un village reculé près d'Essaouira.

J'ai dû accepter de laisser la poussière sur mes Birks et de ne pas me laver tous les jours. J'ai oublié l'heure des repas. J'ai mangé du pain et quelques légumes. J'ai dormi sur le sol, je me suis lavée avec un seau, l'eau est précieuse. Elle manque ici. Les lacs sont vidés.

Je me suis détachée du faire en étant dans l'observation minutieuse de tout ce qui m'entourait. Enfin, j'ai perdu la notion de l'heure en même temps que les horloges. Enfin. Et là, curieusement, le temps ne s'écoulait plus. Je me suis demandé : Qui es-tu ? Qu'est-ce qu'il reste, quand tu ne te raccroches pas à tes projets pour combler le temps, ni à tes proches pour t'identifier ? Qu'est-ce qu'il en est de toi ? Qu'est-ce que tu retiens ? Quelles pensées te traversent, quand tu as la liberté de décider du temps de tes journées ? Il faut se faire violence, pour couper de son quotidien. Pour faire face au vide, à soi, aux questions existentielles.

Et une fois sur la route, je me dis que je devrais plus souvent m'éloigner du bruit du monde. Le voyage transforme de l'intérieur, mamie.

*

Il y a eu Karima à Essaouira. La journée, je ramassais souvent le plastique sur le bord des routes. La nuit, on regardait la lune et les étoiles ensemble. Le soir de la pleine lune, elle m'a dit : « Qu'est-ce que tu fais là-haut dans le ciel ? Toi tu es comme la lune, tu protèges la planète. »

Il y a eu Tobi à Imsouane. Je venais d'arriver, le soleil se couchait et j'observais tout autour de moi les yeux grands ouverts. Il me regardait par la fenêtre, je voyais qu'il me regardait, et il m'a demandé si j'étais perdue. Je lui ai répondu que je cherchais chaque jour à me perdre un peu plus. Il a rigolé, on ne s'est plus quittés pendant trois jours.

Il y a eu Hamza à Fès, qui m'a dit avant mon départ : « Te rencontrer m'a redonné espoir en la vie. »

Il y a eu Iman à Málaga. « C'est beau de te voir lire sur la plage depuis trente minutes. C'est rare de voir les gens lire maintenant. » On a parlé pendant deux heures, on a refait le monde, et j'ai trouvé moi aussi de l'espoir. Il est parti en me disant : « N'oublie jamais que la vie est magique. Autorise-toi tous les jours à ressentir cette magie. »

J'ai compris que l'on attirait à nous ce que l'on dégageait, selon notre présence au monde. Il restait alors au moins ça : l'humanité. Il y a les voitures pleines à craquer et les bagages sur les toits, les lacs qui n'ont plus d'eau, l'odeur des *msemens* le matin, les nuits sur le tapis, le café très noir et les cafés où les femmes n'entrent pas. Et il y a les rencontres qui nourrissent l'espoir. On se sent ainsi moins petit dans un monde trop grand.

On peut sourire à un inconnu dans la rue et le rendre heureux.

*

Après sept heures de train, je suis arrivée chez Malika et son fils Hamza, à Fès. J'avais déjà treize jours de voyage dans les pattes, j'étais fatiguée et je n'avais pas mangé du trajet. Malika m'a préparé des légumes, c'étaient les meilleurs du monde. Elle m'a fait couler de l'eau chaude dans un seau pour me laver. Elle a aussi lavé mon linge, ma première lessive depuis mon départ. J'ai aimé l'odeur du linge propre, j'avais l'impression de la redécouvrir.

Elle ne parlait pas français, ni anglais, mais on se comprenait. D'abord, il y a le regard. Ensuite, des sourires timides. Il y a l'observation. Et petit à petit, une compréhension, une connexion par le non-verbal. Et puis il y a l'attachement, le lien.

Malika m'a appris la cuisine marocaine, les *msemens*, la *taktouka*, les *sfenjs*. Elle m'a dit de rester quelques jours de plus, de revenir souvent, et a glissé quelques cadeaux dans mon sac. Elle m'a dit au revoir à travers la fenêtre du bus. Je me suis dit que je ne la reverrais peut-être jamais mais qu'en deux jours elle avait pris soin de moi comme si j'étais sa fille.

J'ai eu envie de pleurer à cause de cet éphémère, de l'intensité de ces instants que l'on ne vit qu'une fois. Qu'est-ce que l'on laisse derrière soi, mamie ? Comment on perpétue ce qui s'est transformé en nous ? Qu'est-ce que l'on retient de ces sourires décochés, de ces rencontres profondes, de ces regards croisés ? Est-ce que certains détails sont indélébiles ou est-ce que le temps lessive tout ? Est-ce que je me souviendrai de l'odeur de la lessive de Malika ? Qu'est-ce qui reste imprimé en nous, après un voyage ?

Ce jour-là, quand Malika m'a dit au revoir à travers la fenêtre du bus, j'ai ressenti un sentiment d'appartenance au monde. J'espère que ce sentiment restera imprimé en moi et ne sera jamais lessivé par le temps. Faire tenir une vie dans un sac, faire de partout sa maison, et sentir le poids de la liberté. C'était donc ça, le bonheur.

*

Sur le chemin du retour, dans mon dernier train, j'ai vu que les arbres avaient changé de couleur. Les feuilles tombaient et il faisait nuit très tôt. J'ai vu les grues passer dans le ciel. J'ai tout regardé avec attention à travers la fenêtre du train. Je me suis dit que je voyais les choses un peu différemment.

J'ai pensé à qui j'étais, à ce que je faisais, comme si j'observais ma vie du coin de la porte. J'ai pensé aux mails que j'allais retrouver, aux messages en attente, aux conférences qui allaient s'enchaîner, aux prochains déplacements à organiser, aux interviews, à ce livre, à la presse, aux projets à faire avancer, aux sollicitations.

En regardant la couleur des arbres par la fenêtre de ce dernier train, j'ai eu peur de retomber dans la frénésie, de rouvrir la porte pour de bon. Je me suis promis à moi-même de ne pas m'éloigner de cette paix intérieure que j'avais touchée du doigt en regardant Sofia faire du pain.

Pendant trois semaines sans réseaux sociaux, j'ai compris que l'on pensait différemment loin des écrans et de nos identités. Ce ne sont pas les mêmes idées, les mêmes doutes, les mêmes émotions qui nous traversent. Il faut un certain temps, incompressible, pour se déshabituer et inviter de nouvelles pensées. C'est comme une désintoxication. Ce n'est qu'après cinq jours de voyage que j'ai vraiment commencé à ressentir le vide. Le neuf. Et la vie a tapé bien fort dans mon petit cœur en oubliant qui j'étais.

Le voyage a ce pouvoir de nous transformer de l'intérieur, de nous faire voir le monde et le chez-soi avec des yeux neufs.

Quand je suis arrivée à la maison, j'ai posé mon sac et j'ai attendu un peu avant de laver mon linge.

Je voulais qu'il garde cette odeur du voyage et qu'il la diffuse dans ma chambre. J'ai retrouvé la cabane dans la forêt de Joël. On a allumé le feu, et j'ai compris que j'étais rentrée.

Je me suis demandé : Comment fait-on pour ne pas salir son cœur avec le bruit du monde quand il a été si bien lavé par le voyage ?

Paloma Moritz

Le bonheur, c'est une vie où on peut se retourner à la fin et se dire : « J'ai vécu et j'ai peu de regrets. » *#102*

Qu'est-ce que la vie ?

Il y a les vies que l'on réussit ou que l'on rate. Subjectivement. Mais qu'est-ce qu'une vie réussie ? Qu'est-ce que l'on retiendra de ce passage ? Qu'est-ce qui fera que, au moment de se retourner sur les années, on se dira : « J'ai bien vécu » ?

Tu sais, mamie, j'ai parfois le sentiment d'être née pour poser des questions aux gens et pour écrire sur la vie. Cette vie qui m'attache à toute chose. Je m'attache aux bonjours dans la rue.

Je m'attache à l'odeur du mimosa et à la douceur de leurs petits froufrous sur le visage. Je m'attache aux premières fraises du potager. Je m'attache à écouter les autres parler plus qu'à parler. On en apprend bien plus.

Je m'attache aux randonnées sur les collines basques quand le soleil se couche. Surtout avec Anouk. Je m'attache aux tickets de cinéma qui signent l'entrée dans un nouvel univers. Je m'attache à toutes les étoiles de l'univers.

J'ai même dressé une liste de toutes ces choses que je voudrais faire avant d'avoir ton âge, mamie. Tu la veux ? Allez, c'est parti.

Voir des aurores boréales, faire du planeur, passer quarante-huit heures toute nue, marcher sur mes deux mains la tête à l'envers, arriver à faire du pain aussi bon que celui de Pascal, jouer du piano et même du saxophone, gravir l'Everest, transformer la vie de plein de gens, collectionner les lettres des amoureux qui ont fait la guerre, arriver à marcher sur un longboard, réaliser un film, être actrice aussi, interviewer Thomas Pesquet, apprendre à connaître toutes les étoiles et avoir un télescope pointé vers les anneaux de Saturne, tout aimer mais être détachée de tout, faire une retraite de méditation Vipassana, être professeure de yoga, parler chinois couramment, arriver à faire comprendre à Elon Musk qu'on ne verra plus les étoiles briller s'il envoie trop de satellites là-haut, peut-être avoir un enfant parce que c'est beau mais ça dépendra de l'état du monde, mamie, cuisiner des *carrot cakes* aussi bons que ceux de Nina, faire des plats qui ressemblent à de l'art, peindre des tableaux de l'océan et traverser l'océan en bateau, goûter tous les gâteaux basques de la côte, bivouaquer la tête dans les étoiles, pouvoir me foutre de tout parce que j'aime l'insolence, arriver à inverser la tendance d'un monde qui se délite, et, en fait, la liste est trop longue et elle pourrait remplir un livre à elle seule.

Tu peux me dire quels sont les rêves que tu n'as pas eu le temps de réaliser et je les ajouterai à ma liste si tu veux, mamie. Je t'avais promis que je t'amènerais sur la lune mais ça pollue, les fusées. Alors je peux remplacer ce rêve par un autre, à toi.

Arthur Auboeuf

La base de tout, c'est de se faire confiance. Vous pouvez devenir qui vous voulez, la vie est un truc de fou. Ça vient juste du fait de décider de le faire. Pas de dire : « Je vais le faire », mais de le faire. *#77*

Félix Radu

Dans la vie, il y a juste des gens qui sont bousculés par des choses qui les dépassent et qui font de leur mieux.

Je pensais que la vie allait être une douce accélération au fur et à mesure, que l'on allait trouver un rythme de croisière et monter petit à petit. En fait non, il y a d'énormes accélérations, puis des silences. La vie, c'est que ça.

Ce qui rend vivant, c'est de rendre vivants les autres. *#36*

Alexandre Jardin

À 15 ans, j'ai compris que la fête était brève. Et que donc il fallait dire les choses, les faire. Non pas dire « J'écrirai un jour », mais écrire. Non pas dire « J'aimerai un jour », mais aimer. Tout de suite, faire. Parce que le temps nous est beaucoup plus compté qu'on ne l'imagine. *#63*

Philippe Gabilliet

La vie est beaucoup trop courte pour rater une expérience et pour se fâcher avec quelqu'un durablement. Qu'est-ce qui vaut la peine de rater un instant de vie avec quelqu'un ?

J'ai assumé dans ma vie d'être un homme de passage. Je ne fais que passer dans la vie des gens. Mais très souvent, je les aide à faire un passage, à prendre une décision, à sauter le pas.

La meilleure façon pour atteindre ses objectifs dans la vie, c'est d'aider ceux dont on a besoin à atteindre les leurs. *#48*

Charles Pépin

Je me souviens m'être dit très jeune que c'était parce que tout cela allait finir que c'était si beau. Qu'il y avait des choses dont il fallait absolument profiter. Des choses qu'il fallait savoir saisir. *#75*

Claudie Haigneré

Chère Victoria, réécouter notre conversation me fait plaisir, c'était un joli moment. Là est la richesse de la vie. Merci beaucoup pour votre belle façon de conduire l'entretien. Bonne route dans votre fraîche et sage sensibilité. Bel été. Claudie. *#105*

Accueillir le rien

Je n'ai pas trouvé plus beau bureau que les trains. Mes pensées défilent en même temps que les paysages, et je les attrape au vol pour les figer par l'écriture. J'écris beaucoup en écoutant Thylacine. Surtout son album *Transsiberian*. Ça m'emporte. Quand j'écris, je touche aussi beaucoup mes cheveux. Après, ça les abîme. Il y a des habitudes comme ça qui nous suivent des années et dont on a du mal à se défaire. J'ai presque eu mes huit heures de sommeil cette nuit, mamie. Ça n'arrive jamais et je me sens toute neuve. Et puis hier soir on a bien mangé, Max et Robin ont fait des gnocchis maison. Les meilleurs que j'aie jamais goûtés. Pour le dessert, ils ont cuisiné du pain perdu au caramel. Le meilleur que j'aie jamais goûté. Vraiment, il détrône celui que tu m'as appris à faire chez toi pendant nos vacances d'été, mamie.

Je me questionne souvent en ce moment, comme toujours, tu me diras. Le sujet du jour, c'est l'inutile. Est-ce que tout doit servir ? Est-ce qu'il n'y a pas de la beauté dans l'inutile ? Doit-on toujours « faire » les choses « pour » quelque chose ?

J'ai longtemps eu peur des blancs, du vide, du rien. Parce que réussir sa vie, pour moi, c'était faire des trucs. Beaucoup. Les enchaîner. Aujourd'hui, j'essaie de ne plus combler le vide. Quel exercice difficile, mamie. L'action prend toujours le dessus sur l'être.

Je me demande souvent ce qui fait que le besoin de satisfaire notre ego est plus important que le besoin de s'aimer soi. Si je te parle de l'ego, c'est parce que le conditionnement au faire est rattaché à nos valeurs. C'est inconfortable de laisser le rien faire surface. Et puis ça nous met en retard sur le reste, alors on repousse, encore un peu. Et le temps passe. Et la fuite continue.

Aujourd'hui je m'autorise l'inutile, comme te dire que j'ai mangé des gnocchis maison et que je touche souvent mes cheveux. Être bien et faire au mieux, finalement c'est tout ce qui compte.

Raphaël de Casabianca

Il est essentiel de savoir s'ennuyer. Sinon, on se retrouve à ne pas savoir gérer le vide, et on fuit. C'est les phases d'ennui qui sont les plus créatrices. *#84*

Jean-Louis Étienne

Laisser passer le temps sans avoir l'impression de le perdre. *#101*

*

Rêver, penser, être seule, écrire, surfer, lire, marcher, observer, être libre. Rencontrer. Sentir la nature resserrer ce que la ville disperse. Parce que dans tout ce que la nature resserre, je me dis que tiennent les clés d'une vie.

Regarder les gens sans qu'ils le sachent, et me demander à quoi ils pensent. S'ils aiment leur vie, s'ils aiment le café, s'ils font du sport, s'ils sont pressés, s'ils aiment l'odeur des fleurs et des tartines grillées le matin, s'ils achètent du neuf, s'ils sont amoureux, s'ils sont anxieux de penser au futur, s'ils sont dans les clous, mariés, casés, rangés, s'ils explorent, s'ils osent.

Je regarde les gens passer et marcher et parler et sourire. On apprend tellement sur l'humain en observant. Simplement. J'observe. Encore. Et après, j'écris. Je me passionne pour l'humain, pour les différentes réalités qui habitent chacun et chacune d'entre nous. Je suis fascinée par l'idée que tous et toutes, on a une façon bien personnelle de regarder le monde.

Je l'aime tant cette vie, mamie.

*

Anaïs Vanel

On se dit toujours : « Tiens, quand j'aurai du temps, je ferai ça. » Parce que c'est ce qu'on sait faire, les emplois du temps, employer le temps, c'est ce qu'on nous a appris. Alors que, parfois, il est meilleur de s'autoriser le fait de s'ennuyer. L'ennui, c'est beau. S'ennuyer, c'est être libre. #57

Reconnexion au corps

Si longtemps j'ai douté d'y arriver. Je peux aujourd'hui dire que je suis marathonienne. Avec des rêves qui s'étalent sur plus de 42 kilomètres.

Il est de ces expériences qui ne se vivent qu'avec soi, et que les mots écrits ne peuvent pas exprimer. Je ne pourrai pas dire ces sensations qui m'ont habitée pendant cette course. Des mois de préparation pour ce moment précis. Sur les premiers kilomètres, mon corps et moi, on a signé un pacte. On irait au bout.

On m'a dit de sourire quand c'était difficile. J'ai souri tout du long. Mon rythme s'est naturellement calé sur celui de deux garçons. On a couru les vingt et un premiers kilomètres ensemble. L'autre moitié, j'étais seule avec moi-même. Je n'aurai pas les mots pour décrire ce qui s'est produit ensuite. Mais à mon arrivée, j'ai écrit une lettre à mon corps.

Cher corps, on a fait une sacrée équipe tous les deux depuis plusieurs mois. Je t'ai redécouvert. Ou découvert pour la première fois. J'ai appris à te comprendre, à t'écouter, à te faire confiance et à te respecter. Bien dormir, bien te nourrir, t'éviter l'alcool. Cette préparation si intense m'a appris une philosophie de vie.

Cher corps, j'ai douté de toi et de tes capacités, pardon. J'ai souvent cru très fort qu'on n'en serait pas capables. On l'a fait. Maintenant, une confiance s'est tissée de toi à moi et pour nous. On n'a pas fini d'enchaîner les aventures tous les deux. Et de bouffer cette vie.

Tout est possible, tout est possible, tout est possible. Cher corps, tu es capable de tant de choses.

Un été à Biarritz

Ça fait plus d'un an que j'ai commencé l'écriture de ce livre. J'ai retrouvé Biarritz et avec elle mes matinées d'écriture au café Etxola. J'écris toujours, tous les matins. Il est des habitudes qui peinent à prendre le pli de nos vies, puis qui finissent par devenir vitales.

En même temps que l'été s'installe, Etxola cire ses tables en bois. Avec l'été, Biarritz se transforme. Les rues se remplissent, les plages se noircissent, les vagues rapetissent. Et les arrêts de bus se décorent.

Il y a toujours les habitués qui déplient le journal le matin, dès l'ouverture, sur les tables en bois. Et qui laissent des traces de café sur les gros titres. Il y a les touristes qui arrivent plus tard, qui parlent très fort et se demandent ce qu'est une gaufre au Basquella. Ils disent « wow » et s'émerveillent de la Côte des Basques. Je les comprends et, en même temps, j'espère qu'ils n'en tomberont pas amoureux. Il y a déjà trop de monde sur la côte. C'est très égoïste mais malgré cette invitation à ralentir loin des villes que je prône lors de mes conférences, j'espère que les Parisiens ne seront pas trop nombreux à troquer le métro pour les vagues.

À côté de moi, un monsieur vient prendre sa commande. L'oreille curieuse, je comprends que c'est un promoteur immobilier. Les appartements ici sont devenus trop chers. La ligne à grande vitesse amène ces Parisiens pressés, avec des salaires indécents, qui viennent marcher sur le sable des Louboutins aux pieds. Pour ralentir, peut-être. Mais ceux qui marchent sans Louboutins, pieds nus sur le sable depuis leur enfance, ne peuvent plus se loger. La Côte des Basques a la cote. Est-ce que Biarritz est à la mode ou tout le monde ressent ses puissantes énergies ?

Il y a ici la vitalité des corps de ceux qui vivent dehors. La vie douce, fluide, d'une légèreté flottante, presque déconcertante. Tôt le matin, on prend la planche et on se lève sur les vagues en même temps que le soleil. On regarde les rayons se refléter sur l'océan et on se sent immensément vivant.

Ici, dans l'eau, le temps s'étire différemment. Plus rien d'autre ne compte que l'océan et les vagues. C'est tout doux, de vivre au rythme des marées. Il y a un sentiment d'appartenance au monde qui ne se décrit pas tant il se ressent.

Je ne saurai pas dire précisément quand l'océan m'a adoptée. Ni quand je l'ai apprivoisé. J'ai le sentiment que ça s'est fait doucement, timidement, à tâtons, puis brutalement. Sans retour en arrière possible. Un peu comme on tombe amoureux.

*

Cet été, pas de colocation, si ce n'est celle avec moi-même.

Le pays basque est gravé en toutes lettres sur la planche à découper de ma cuisine. Un cadeau que je me suis offert en début d'été, comme pour confirmer que cette terre m'avait adoptée. Jamais, dans aucun des nombreux appartements où j'avais vécu, je n'avais acheté un objet qui « fait maison » : torchons, vases, couverts, sets de table et autres trucs accumulés dans la vie. J'ai acheté ma première planche à découper à Biarritz. Je crois que ça veut dire beaucoup. C'est ici que je découpe ma vie en petits morceaux pour en faire le bilan. C'est ici que je m'autorise le temps long. Les journées sans plans, qui se déroulent parfaitement. Je me laisse transcender par les secondes, je m'oublie dans le temps. Je ne regarde plus ma montre. Et curieusement, ce sont ces journées sans plans et sans montre qui sont les plus intenses en vie.

C'est l'été des livres abîmés par le sel, des pages mouillées par le maillot qui traîne dans le sac. C'est l'été des dîners qui se décalent avec le soleil qui traîne. C'est l'été où l'océan et mon corps ne font qu'un. C'est l'été des bocaux à vrac qui remplacent les salades *veggie* prises sur un quai de gare. C'est l'été où, enfin, ma pile de livres se dépoussière. C'est l'été des cours de yoga en studio. C'est l'été des amis précieux qui viennent me voir. C'est l'été où, enfin, mon corps dépose ses racines. C'est l'été où le calme s'installe et où la paix résonne.

*

Petit à petit, les baskets sortent moins et la planche de surf glisse plus. Je troque les unes contre l'autre, et certains jours les deux se rencontrent. Comme pour le reste, j'ai du mal à trouver la demi-mesure. Comme pour le reste, j'ai fait du surf une obsession. Je pense mes journées et mes rendez-vous en fonction des marées, j'actualise les prévisions et les webcams plusieurs fois par jour, je culpabilise de louper une session où les conditions sont bonnes.

Je me demande comment une activité un jour inconnue peut devenir une telle obsession le lendemain. Je crois que ce qui m'attache à ce point au surf, c'est le large et infini espace de progression qu'offre sa pratique. Je me dis débutante depuis quatre ans et je réponds encore que je ne sais pas surfer quand on me parle de surf. Parce que c'est tellement ingrat. Pourtant, j'ai quitté les mousses et je prends maintenant de vraies vagues. Pas encore trop grosses parce que j'ai peur, mais je sens ma rame plus active, mon aisance dans l'eau, je choisis mes vagues, mes *take off* sont plus réactifs, je réfléchis moins, je tiens la glisse plus longtemps. J'apprends à apprivoiser l'océan et à le lire.

Marc m'accompagne souvent à l'eau. Il me voit progresser. Il m'a dit l'autre jour : « On ne t'arrête plus, ça y est, tu es piquée. » Marc m'encourage et me donne de précieux conseils pour progresser. Il n'est pas de ceux qui produisent du surf une image clivante et égotique. Il n'est pas de ceux qui snobent et qui dénigrent les débutants. Marc est de ceux qui partagent sincèrement le goût et la passion du surf. Il est un vrai surfeur.

*

Le surf est un monde. Le bruit de la wax que l'on gratte sur la résine, l'odeur qu'elle laisse dans les appartements, la « dernière vague » qui finit toujours en dernières vagues, les *hop hop hop* qui préviennent une priorité cramée, comme on grillerait un feu orange bien mûr.

C'est peut-être cette idée même que l'on n'arrive jamais vraiment à bout de l'apprentissage qui me rend accro. Je ne passe pas la ligne d'arrivée comme pour mon marathon. Mais je prends une vague. Puis une autre. Différemment. Encore une. Qui appelle la suivante.

Je crois finalement que l'océan me sauve un peu. Il me pousse à ralentir. Il impose des pauses pour aller lui dire bonjour. Il apaise mon hyperactivité. L'eau calme mon feu.

J'ai trop touché cette algue qui fait râler tous les locaux. Elle revient souvent l'été, et s'étend de plus en plus. L'eau se réchauffe. L'algue verte, encore un symptôme de la planète qui crie. Je devrais ne plus entrer dans l'eau un certain temps pour me soigner de cette algue. Mais il faudrait m'éloigner de l'océan pour que je me libère de cette impulsion à y entrer. Alors j'y retourne. Tous les jours.

*

Dimanche matin. Les gens défilent au marché des Halles. Je prends ce temps pour un café-écriture. Une des activités que je préfère le dimanche matin. Si je suis attachée au calme et à la nature, je trouve aussi une ressource immense dans ces lieux d'ébullition de vie. Paradoxe des contrastes qui nous font ressentir le vif. À cet instant, à regarder les gens vivre, sourire, les bras déshabillés par la chaleur, je ressens la vie très fort.

Tant de chemins, tant de destins, tant de réalités différents sur cette terre. Qui sont tous ces gens ? Rêvent-ils ? Se posent-ils les questions que tout le monde se pose ?

Je crois que j'ai toujours voulu vivre cette vie sans pour autant vraiment me l'autoriser. Celle du temps pour les pensées qui défilent et les questions qu'on laisse nous traverser. Celle des cheveux blondis par le soleil, du sel qui reste sur la peau, de la peau nourrie par le soleil, du soleil qui soulève le cœur quand il se couche sur la Côte des Basques.

J'ai toujours voulu vivre cette vie sans pour autant me l'autoriser. La peur d'être trop heureuse peut-être. Ça existe tu crois, mamie ? Souvent, on sait parfaitement ce qui est bien pour soi, ce qui nous comble, nous élève, nous nourrit. Et on s'en prive. Encore un drôle de truc relatif à nos conditions d'êtres humains. L'autosabotage, comme on dit.

Je me sens parfaitement libre, mamie. Et je n'ai plus peur que cette liberté m'échappe. Je l'embrasse. Enfin. Jusqu'à ressentir le vertige de ne plus savoir quoi en faire.

J'accueille la solitude qui permet à l'espace de prendre sa place. Je ne lave plus mes cheveux, le sel de l'océan s'en occupe. Je me lève, toujours tôt, toujours sans réveil, je mange à l'heure que je veux, je marche longtemps au bord de l'océan, je passe au Bookstore pour, encore, ressortir avec un livre. Même si ma pile déborde déjà. Ingérable pulsion que l'envie de sentir les pages des livres. Inévitable addiction à cette odeur qui fait perdre la raison. Comme l'odeur de la wax.

*

Hier, Antoine m'a dit : « Quand tu te sens prise par la vague, lève-toi. N'attends pas. Si tu réfléchis trop, la vague sera déjà partie. » J'ai trouvé une grande philosophie dans cette idée même de « prendre la vague ». Prendre la vague ou la laisser passer.

Il y a la vague qui nous retourne, celle qui nous décourage. Celle qui nous fait glisser jusqu'à se rappeler pourquoi on aime la vie. La vie et ses vagues. Le surf m'apprend la vie, en un sens. Il y a ce qui dépend de nous, et ce qui nous échappe. Les conditions changeantes comme les humeurs. Les jours de moins bien, de fatigue, les vagues sont moins évidentes. D'autres jours, ça déroule. La patience, la persévérance, la nécessité de ne pas brûler les étapes. D'y aller pas à pas. Dans l'océan, comme dans la vie.

Et il y a la vague qui nous retourne. Sans prévenir.

*

Pour mes 25 ans, je me suis offert une nouvelle planche de surf. Une huit-pieds, en résine, couleur vert d'eau. Cette semaine-là, les conditions étaient idéales. J'allais à l'eau tous les jours, j'enchaînais les sessions à la Côte. Il y avait du monde avec l'été, mais, bazar, que c'était bon de ressentir la glisse. C'est une drogue, mamie. Ma nouvelle planche m'aidait à prendre les vagues plus haut, à faire mes premiers virages, à tenir la vague plus longtemps. Je me sentais progresser et, bazar, comme c'est long et périlleux avant d'arriver à se sentir évoluer en surf.

J'avais zappé ma méditation ce matin-là. Comme on rate un bus, je m'étais dit que je prendrais le créneau suivant. Je ne l'ai pas pris. Les conditions étaient parfaites, j'avais organisé ma matinée pour pouvoir entrer dans l'eau dès midi, quand la marée commencerait à redescendre. Elles étaient de ces vagues qui déroulent d'une façon si délicieuse que l'on pourrait s'y abandonner des heures. Plan d'eau *glassy*, aucun vent, soleil rayonnant. Tous les ingrédients réunis pour une session des plus belles.

Je préfère les gauches, mais là, une droite s'offrait à moi. Je l'ai prise et l'ai tenue longtemps. J'ai remonté au pic avec cet état d'euphorie intense qui habite le corps tout entier. J'en ai pris une autre. Je me suis dit « Bordel, merci, la vie ». Je suis remontée. J'ai laissé passer une série et j'ai ramé pour une droite. Quand je me suis engagée sur la vague, elle était déjà trop levée, comme le feu orange bien mûr qui passe au rouge. Elle s'est écrasée sur moi. J'ai roulé, j'ai senti mon front taper, j'ai entendu un bruit sourd, j'ai sorti la tête de l'eau, j'ai vu du sang, j'ai compris qu'il s'était passé quelque chose. Je suis remontée sur ma planche. Du sang partout. J'ai touché mon front, j'ai senti une grande ouverture. Un trou. Dans mon front. J'ai compris que c'était grave. Le temps de comprendre, c'était tout mon maillot qui était taché de sang, puis tout mon corps, ma planche, et l'océan qui m'entourait. Autour de moi on s'agitait, on me disait de sortir vite, je ne comprenais pas, je pensais à un trauma crânien, je me disais : « Mais non, ce n'est pas possible, je vais reprendre une vague, les conditions sont trop belles, mais non, c'est pas possible. » On m'a sortie de l'eau, direction l'hôpital.

Huit points de suture. Arrêt forcé. Premier carton rouge de ma vie de surfeuse. Je n'avais pas médité ce matin-là. Est-ce que mon état de présence était dispersé ? Est-ce que cette chute était inévitable ? Est-ce que plus grave me serait arrivé si je n'avais pas eu cet accident ?

Il est des moments de vie que l'on aimerait pouvoir rejouer. Geler, rembobiner, mettre sur pause, attendez on recommence, on refait la prise. Différemment. Et cette vague, je l'aurais laissée passer. Mais non, ça ne marche pas comme ça. Cette vague, je l'ai prise de plein fouet. *Vlan.*

Mathieu est venu me chercher à l'hôpital, il m'a dit : « Ça y est, t'es une vraie surfeuse maintenant. » Le surf s'est imprégné en moi, au sens littéral du terme. Ils ont retrouvé un morceau de ma planche dans mon front. Tatouage naturel de la Côte des Basques. Aïe.

Je te l'avais dit, mamie, qu'il faudrait m'éloigner de l'océan pour que je me libère de cette pulsion à y entrer. Je vais réparer ma planche. Et je retournerai dans l'eau. Insolente addiction.

*

J'ai fini par ne plus penser à ce garçon-là. Je n'ai pas souvenir de l'instant précis où il m'a échappé. Je me souviens seulement du moment où il m'a piquée. Piqûre pour des mois de pensées tournées vers lui. Le chanceux. Et puis comme ça, il est sorti de ma tête. Aussi furtivement qu'il y était entré.

Vicieusement, mes pensées ont fini par ne plus tourner autour de son monde. Mes yeux se sont déshabitués à ce prénom affiché sur l'écran de mon téléphone. Mes journées n'attendaient plus de ses nouvelles. J'ai arrêté d'essayer de l'apprivoiser, de comprendre son mode d'emploi, de tourner en son monde la clé du lâcher-prise. J'ai en moi cassé le verrou. Et comme ça, j'ai rendu à la complexité son impossibilité.

Comme ça, l'indifférence a pris le dessus sur l'impatience attachée à l'euphorie d'un regard. Tout passe, tout coule, tout s'écoule. C'est un plaisir mystérieux de comprendre qu'il suffit d'attendre pour que les choses se tassent. S'arrangent. Se modèlent. S'apaisent.

Comme ça, un feu passe au rouge, puis au vert. La marche du temps nous échappe. Les flux, les choses, les dire, les faire, les gens, tout file, tout s'enchaîne. Certains feux rouges ne trouveront leur explication que des années plus tard. Après que l'on s'est résigné au silence, au non-sens, au « pourquoi ? ». Souvent, il n'y a pas de pourquoi. Il y a juste à attendre. La vie sait. On est loin d'avoir la plus petite idée de ce qu'est vraiment le hasard.

Combien d'occasions ratées dans une vie, mamie ? Combien d'histoires qui se frôlent et s'échappent ? Combien de rencontres loupées « à deux doigts » ? Est-ce qu'on vit vraiment ce qu'on ne fait que frôler ?

On s'est frôlés et loupés, avec le garçon aux yeux dans lesquels on voit la terre.

*

Le lendemain de mon accident de surf, je suis venue écrire au café. Il était là. Il est de ces habitués qui arrivent tôt au café. On ne s'est pas dit bonjour, mais je l'ai vu. Je crois qu'il a vu que je l'avais vu. Ça faisait deux mois qu'on ne s'était pas croisés. Il fallait que ce soit le lendemain de ma chute.

Ce matin-là, croiser son chemin a suffi pour me donner le courage nécessaire à supporter les huit points de suture. Tout comme j'ai fini par ne plus penser à ce garçon, la cicatrice de mon accident sur le front partirait.

Quand il s'est levé, j'ai senti mon cœur taper assez fort pour comprendre que s'il était furtivement parti de mes pensées, il pouvait aussi vite les réaccaparer. Je me disais : « Quand même, il va venir me voir », mais non, il a pris son skate, et il s'est échappé. Comme quand on fuit une situation qui dérange, comme quand on baisse sa casquette pour se protéger du soleil, comme quand on *snooze* une alarme le matin, comme ça, il s'est échappé. Sans dire bonjour.

Je sais que le temps efface tout, et que dans quelques semaines, j'aurai oublié les détails de ses traits, de sa posture, de ses vêtements ce matin-là.

Je rends les clés de mon appartement dans une semaine.

Un destin qui s'impose

Le destin a encore frappé, mamie, à croire que je lui paie un abonnement mensuel.

Rêver, penser, écrire, lire, marcher, observer, être libre, rencontrer, prendre le train, faire défiler les paysages, écouter. Bientôt mon quotidien, pour six mois. Je repars en Inde. Sans avion cette fois. Mais accompagnée. Je ne l'avais encore jamais rencontré, on échangeait quelques messages sur les réseaux sociaux. Ça faisait plusieurs mois que l'idée s'installait doucement dans ma tête et qu'elle prenait le dessus sur toutes les autres. En sortant d'une session de surf, c'était devenu une évidence. J'ai pris mon téléphone et j'ai écrit à Johan : « Tu vas me prendre pour une folle, on ne s'est encore jamais vus, mais tu veux venir faire le tour du monde avec moi ? Sans avion. » Il m'a dit : « Oui, d'accord, il faut juste trouver une date de départ qui nous arrange tous les deux. »

Insolente liberté.

On part réaliser un film, mamie. Si je t'en dis trop, tu vas avoir peur, alors tu peux juste retenir la phrase suivante : on traversera toute l'Europe, la Turquie, l'Égypte, l'Arabie saoudite, Oman, et je vais retrouver ces enfants en Inde. Je vais retrouver l'Inde, mamie. Les épices, les sourires d'une vie, la vie qui soulève, l'énergie qui traverse tout le corps et plus encore.

Ça me paraît si immense et j'ai le sentiment que c'est si loin de moi, comme irréel, une autre vie, une autre version de ma réalité. Ce film est aussi de ces « peut-être » que l'on écrit au crayon à papier. Toi tu dis « crayon de bois », mamie. J'aime bien l'idée. Le crayon de bois est toujours moins engageant. On peut l'effacer si on se plante. Se dire que c'était comme ça, « si jamais », « au cas où », le tiroir entrouvert, mais que finalement voilà.

Ce projet de film, je l'ai écrit au stylo. Je l'ai même surligné avec plusieurs feutres et dans plusieurs carnets. J'ai des post-it au-dessus de mon lit pour que l'idée prenne forme la nuit. J'ai des feuilles accrochées aux murs avec les différentes étapes du voyage, des objectifs tous les mois pour avancer. Et pourtant, j'ai toujours le sentiment que c'est loin de moi.

Encore, on tente ces phrases qui freinent, qui empêchent. Encore, on tente de limiter mon destin qui cherche à s'imposer. « Inconsciente », « Insouciante », « Tu as pensé à ça ? », « Tu es sûre ? », « Et à ton retour ? »

Tu as peur que je parte, mamie, et moi j'ai peur de ne pas partir.

*

Tu vois, je ne suis pas encore libérée de toutes ces peurs qui entravent la liberté. C'est certainement le travail d'une vie, d'arriver à s'en dépatouiller. Au fond de moi je sais que, d'une manière ou d'une autre, je prendrai la route pour aller manger le monde. Tu le sais bien, quand j'ai quelque chose en tête, je n'abandonne pas comme ça. Pourtant, ça me paraît trop immense. Trop grand, trop loin, trop engageant. Encore de ces « trop ».

L'incertitude a encore frappé, mamie, à croire que je lui paie un abonnement mensuel. Mais Jean-Louis Étienne a dit qu'il fallait toujours clôturer ce que l'on avait commencé.

Je le sais, un matin je vais mettre mon sac sur le dos, embarquer ma caméra, prendre un premier train, et partir. Sans négocier le contrat. Comme ça. *Ciao.*

*

J'ai mis mes draps à laver pour les faire sécher au soleil. J'ai retrouvé les champs de maïs, la maison, la machine à café bruyante, le potager, le tracteur. Ma bibliothèque. Je ferme la porte de ma chambre, sur laquelle une pancarte prévient l'entrée dans une nouvelle ère : « N'entrent que ceux qui ont arrêté la viande. »

Ici, dans cette chambre, je pense, je fais le tri, j'accueille le vide, allongée sur mon lit. Tout naturellement, mon corps impose le temps long. Comme s'il anticipait mon irrésistible attrait pour les départs. Comme s'il comprenait que les réserves étaient nécessaires avant de reprendre la route. Avant le grand départ pour le tournage du film.

Ici, dans cette chambre, je médite sur le voyage. Faire sa valise est une chose, la préparation mentale en est une autre. Bientôt les au revoir, la brosse à dents dans le sac, le sac sur le dos, le dos allongé dans un lit différent tous les soirs, ou pas de lit du tout.

Pour partir, il faut abandonner beaucoup de choses, ou être attaché à très peu de choses. On touche alors à cette force mystérieuse. Celle qui provient d'un chavirement qui nous guette, nous épie.

C'est jouissif de sentir sa vie tout entière chavirer. Cette aventure va tout faire chavirer, tout renverser, je le sais. Il y a des ascenseurs de vie. En voilà un.

En guise de conclusion

Je finirai bien par apprendre.
Les garçons, les excès, les retenues,
le pourquoi des blessures,
la pulsion de vie,
les débuts,
les fins.

Le dessous de l'iceberg

Ce livre aurait pu ne jamais voir le jour. Sans tout le travail de fond, qui s'opère en cachette. Le soir trop tard ou le matin trop tôt. Celui qui ne s'embellit pas sur des *stories* Insta. Celui qui allonge les heures, et sans qui les accomplissements ne seraient pas. Par pudeur, par timidité ou par vulnérabilité, on montre quand ça fleurit. Mais moins quand on trinque. J'ai trinqué, à la santé de tous.

Ce livre, je l'ai commencé à l'été 2022. À Biarritz, toujours. Je venais de passer les cent interviews sur Nouvel Œil, ce podcast que j'anime depuis maintenant près de quatre ans. Je me disais qu'il fallait en faire quelque chose. Laisser une trace, écrite, pour figer sur le papier ces paroles qui m'ont transformée.

C'est toujours différent quand les mots sont posés sur le papier. On peut les relire, les surligner, les corner, les déposer au pied du lit. Les mots vivent alors plus intensément, durablement et profondément. Autant d'adjectifs que je cherche à habiter.

J'ai présenté l'idée à mon éditrice, elle m'a dit : « On te suit, on te publiera début 2023. » J'ai réécouté toutes mes interviews. Je les ai épluchées, retranscrites, triées. C'était un travail de fou et de fourmi, mamie. Je retranscrivais deux interviews, j'allais surfer, j'allais surfer, je retranscrivais deux interviews : mon été 2022.

En même temps que j'avançais, sur l'eau et sur le papier, sur le papier et sur l'eau, je remontais les mois, comme une introspection.

*

À la fin de l'été, mes interviews étaient retranscrites, je tenais à peu près debout sur ma planche de surf et ma peau était bronzée. J'ai alors pu commencer à donner un corps au livre, à agencer les différents sujets, à les composer pour les rendre harmonieux et bronzés, eux aussi.

Début septembre 2022, j'ai pris un maximum d'avance sur mes enregistrements d'interviews et j'ai enchaîné les conférences. Je n'étais plus sur l'eau avec ma planche, mais sous l'eau, submergée par le poids des déplacements et des listes à cocher.

Début octobre, je suis revenue à Biarritz pour trois semaines et je n'ai fait qu'écrire, ou presque. Il fallait lier ces échanges en apportant ma touche personnelle. Ce liant est un peu comme les œufs dans un gâteau, tu sais. Alors j'ai commencé à écrire sur moi, tous les matins, au café Mamaka. Mais encore pudique, je n'ai pas osé trop en dire. Et puis comme ça, *bam*, ce garçon de la côte m'a regardée trop longtemps. *Bye* la pudeur. Au placard. C'était la première fois que je rencontrais des yeux dans lesquels on voit la terre.

Fin octobre, je croyais que mon livre était terminé. J'ai mis le point que je pensais final, j'ai envoyé un mail soigné à mon éditrice, avec le paquet en pièce jointe. Je suis partie au Maroc en train, seule, pour tout couper et enfin me retrouver.

Quand je suis rentrée, c'était la fin avec ma première maison d'édition. La fin de ma famille aussi. Tout s'est écroulé. Il n'y aurait pas de deuxième livre. Il n'y aurait plus mes deux parents à la maison.

*

En décembre, tout le monde me disait que j'avais perdu beaucoup de poids mais personne ne me demandait si ça allait. C'est toujours comme ça avec les gens qui sourient souvent : « Mais toi, tu vas toujours bien. » Et puis trop de choses se sont accumulées. Je me suis écroulée sur mon lit et j'ai regardé le plafond longtemps. Pour enlever petit à petit les couches, dénouer un à un les fils de la pelote. C'est dur de s'inventer une vie sur mesure. De mener ainsi sa barque indépendamment.

Il m'aura aussi fallu de longues réflexions sur la manière dont je pourrais élargir mes épaules pour supporter le poids des choses qui me dépassent. Je croyais ne pas avoir les épaules assez larges pour surmonter les problèmes de grands. Ni pour croire encore en ceux qui piétinent la confiance. Mais j'ai mis la musique très fort dans ma chambre et j'ai enfilé ton manteau. Tu sais, celui qu'on a raccourci à ma taille pour affronter le dehors. Celui qui élargit un peu mes épaules. Et j'y suis allée. Leur montrer que je n'étais pas naïve. Que, oui, on pouvait rester enfant dans un monde pour les grands.

Tant de détours, tant d'heures, tant à encaisser, tant à rebondir pour finalement arriver à ce coup de téléphone : « J'ai trouvé une nouvelle maison d'édition, tu connais Fayard ? » Tu m'as dit : « Ah oui, ça je connais, alors ça y est, tu vas publier ton deuxième ? »

Oui. Les choses se méritent. Ce livre est un rescapé. Il ne m'est pas tombé dessus. Je l'ai rattrapé dans sa chute.

Merci de l'avoir rattrapé avec moi en lui donnant vie. Merci de m'avoir lue jusqu'ici.

Un livre qui pourra être relu

Je n'explique toujours pas cette pulsion intrinsèque qui me motive à bousculer le monde, à le dévorer, à le préserver, à le changer. Je t'ai écrit ce livre, mamie, pour essayer de comprendre mon élan de vie, mais non, je ne l'explique pas. J'aurais au moins déposé ces mots, comme de petites étincelles sur une feuille de papier. Les autres n'auront plus qu'à souffler un peu dessus pour raviver le feu. S'ils veulent. Pour faire ainsi naître leur pulsion personnelle qui invite à bousculer le monde.

C'est la fin de ce livre. La fin de ces heures à me demander quelle forme tout ce charabia allait prendre. Qu'est-ce qui fait un bon livre ? Est-ce qu'il doit être long pour être réussi ? Ou est-ce que, au contraire, plus il est bref, plus il est facile et efficace, plus il est susceptible d'avoir un impact ?

Je me suis beaucoup appliquée dans le choix de mes mots. Avec acharnement parfois. Je ne voulais pas parler exagérément de moi, j'ai toujours peur de paraître « trop » ou « pas assez ». Je ne voulais pas parler exagérément de moi, mais si je n'avais pas franchement posé les mots sur ce qui méritait d'être dit, la signification de ce livre aurait été perdue.

Et puis, tous les livres qui m'ont bousculée sont ceux où j'ai compris l'auteur. Pour le comprendre, il faut qu'il parle de lui. Certains se masquent derrière des personnages de roman mais, dans le fond, on écrit tous depuis soi et pour soi. Je crois que ceux qui écrivent le font pour se déposséder, pour se libérer. Pour dépoussiérer des choses bien trop entassées. Des choses refoulées, cachées par les années.

Peut-être qu'un livre « qui parle » est un livre qui touche tout le monde. Un livre qui pourra être relu et corné, prêté et donné, puis perdu d'avoir été trimballé dans différents sacs.

*

Je finirai bien par apprendre. Les garçons, les excès, les retenues, le pourquoi des blessures, la pulsion de vie, les débuts, les fins. Je finirai bien par apprendre. Par comprendre. Tout ça.

Mamie, tu crois qu'un jour je devrai vraiment rentrer dans le monde des grands ?

Quels conseils voudrais-tu donner aux jeunes d'aujourd'hui ?

Yann-Arthus Bertrand

Cultivez le courage de faire les choses. Ayez un travail utile, sentez-vous utile au monde. N'ayez pas peur d'aimer. Il ne faut pas hésiter à dire aux gens autour de vous que vous les aimez. Il faut remplir vos vies d'amour. *#74*

Claudie Haigneré

Il ne faut pas simplement appeler le changement, mais être acteur de ce changement. Le monde du XXIe siècle est plein de défis, en transition. On ne sait pas ce qu'il va devenir. Mais la génération d'à côté doit transmettre, partager. Parce qu'on ne construit rien seul. *#105*

Jean-Louis Étienne

Soyez des explorateurs engagés de votre temps pour être les acteurs du monde de demain. *#101*

Jonathan Lehmann

La méditation. Faites de la méditation une habitude, ça va transformer votre vie. C'est ce qui m'a aidé à changer mon rapport à mon corps, aux conflits interpersonnels, à mes habitudes. C'est la première chose qui m'a permis de pouvoir créer et imaginer des choses qui me paraissaient invraisemblables. *#22*

Félix Radu

Ne pas croire que tout se joue, et que tout est joué, que tout a de l'importance. Rien n'est grave. Tomber, ça fait partie de la vie, et même, il faut tomber. C'est là qu'on vit.

La vie ça brûle, et si ça ne brûle pas, c'est que tu ne vis pas. *#36*

Fabrice Midal

Le conseil que j'aimerais donner aux jeunes, c'est d'aller au bout de ce qui les passionne. D'oser creuser ce qui est important pour eux, ce qui les rend vivants. Parce que, souvent, on ne se l'autorise pas. On est tellement pris par la pression, la norme, que l'on ne se laisse pas aller à sa passion. Toute passion ne deviendra pas forcément un métier, mais au moins, c'est une porte d'accès pour embrasser la réalité. Ne cédez pas sur votre désir, soyez à l'écoute de ce qu'il a à vous dire. *#97*

Catherine Testa

Ne vous en faites pas, il y a des gens qui, à 50 ans, cherchent toujours. Ne vous en faites pas, vous pouvez changer cinquante fois d'idées. Vivez votre parcours professionnel comme une sorte d'expérience. Même le job le plus inintéressant au monde vous apprendra quelque chose. Même dans les pires expériences, il y a de la beauté. Tout est apprentissage.

Osez. Osez être différent. Ne mettez pas de côté ce qui vous fait plaisir. Parce que ce qui vous fait plaisir sera peut-être demain le plus utile à la société. *#40*

Fabien Olicard

1 vaut mieux que 0. Cette phrase a transformé ma vie. « Non mais ça ne vaut pas le coup de… », ça n'existe pas chez moi. Ça vaut toujours le coup, ça vaut toujours mieux que rien. Si vous comprenez l'essence de ça, ça vous libère d'un poids immense. *#46*

Flore Vasseur

Lisez. Tout ce que vous traversez, d'autres l'ont traversé, et vous n'êtes pas seul. Il y a une humanité. *#51*

Lauren Bastide

Croyez en vous et foutez le bordel. C'est important de foutre le bordel. Et prenez soin de vous. *#90*

Philippe Croizon

Ose. Ose. N'attends pas, ose.

Ces gens-là qui me disent que c'est impossible, moi ça m'encourage. Ça m'encourage à leur montrer le contraire. Ce qui me porte, c'est l'envie.

À vous de jouer. Vous avez votre destin en main, faites-nous rêver. *#53*

Maud Ankaoua

Osez aller vers vos projets, parce que ça paie toujours. L'argent n'est qu'une conséquence du plaisir qu'on a à travailler dans ce qu'on fait. Ça arrive quand on est vraiment aligné dans nos actions. *#60*

Marc Levy

Faites l'amour et pas la guerre. Il faut beaucoup plus d'intelligence pour aimer qu'il n'en faut pour détester. Si vous réussissez à développer ce goût d'aimer, ça va changer votre vie.

Votre génération est en train de vivre un moment clé qui, pour moi, se rapproche de ce que vivaient les jeunes en 1933. Résistez. La liberté n'est pas acquise. *#85*

Alexandre Jardin

Passez à l'acte. Ne vous posez jamais la question des moyens. Les moyens arrivent toujours pendant qu'on agit. Si on pense qu'il faut réunir des conditions, on est fou. Il faut d'abord agir. Ce qui nous forme, c'est l'action. Ne restez pas dans une vie fictive. *#63*

Paul Pyronnet

Y croire, c'est accepter l'idée que ce que tu ne vois pas encore est possible. *#73*

Raphaël de Casabianca

Foncez. N'ayez pas peur. Allez-y. Même si c'est un peu dur de temps en temps, la vie est un miracle, il suffit de lever les yeux. Il faut prendre le meilleur parce que ça va passer vite. *#84*

Postface

On aspire tous à des vies rangées,
et quand elles le sont,
une furieuse envie de tout envoyer balader
s'empare de nos âmes.

Mamie. Il est 4 h 23 du matin. Je ne sais pas si mes réveils de plus en plus tôt sont corrélés à mon amour croissant pour la vie. Peut-être que si la couette me semble trop lourde la nuit, c'est parce que l'appel du monde est trop fort. Mes rêves ont hâte du demain. Alors je me lève. Excitée à l'idée de vivre.

Mamie. Il y a quelques mois, je terminais l'écriture de ce livre avec l'incertitude du départ vers les routes du monde. J'y dépose aujourd'hui quelques nouvelles lignes, un an après, pour un format miniature de *Tu penses quoi de la vie, mamie ?*.

Alors m'est venue l'envie de passer en revue ce qui avait changé de ma vie, en une année. J'ai commencé à mentalement dérouler une liste non exhaustive de ce qui avait habité mes journées. Et j'ai eu le vertige d'avoir trop vécu. Alors, j'ai plutôt cherché à comprendre les contours de ce qui m'a permis d'exister si intensément pendant ces mois de vie.

J'ai sillonné le monde, mamie, pendant 6 mois, sans avion. C'est assez de temps pour faire advenir ce qui devait arriver : grandir de 10 centimètres et plus, tomber amoureuse en Inde, de la vie, d'un garçon, apprendre à courir et à dormir en toutes circonstances, apprendre à plonger dans la mer Rouge, à conduire dans le désert, à tenir une caméra, à dire « bonjour » en 19 langues différentes, à dénicher du beurre de cacahuète dans chaque pays, à tourner avec 3 t-shirts pour toute garde-robe.

J'ai eu du temps et de l'espace pour ne faire que penser et écrire. Pour faire exister la poésie et l'art de vivre. Du temps pour permettre aux ressentis de s'exprimer sans timidité. Du temps pour ce qui se vit plus que ce qui ne se dit. Du temps pour apprivoiser l'éphémère et toucher l'éternité du doigt.

Et puis, sur les routes du monde, j'ai découvert la potion magique pour décupler ce temps qui nous échappe. Je pensais que courir après lui le retiendrait. Mais c'est l'embrasser dans toute son amplitude qui l'éternise.

Après 6 mois de bourlingues, je croyais assouvie ma soif de vivre. Boire autant de paysages, manger autant de trains, me gaver d'autant de rencontres. Autant « d'autant » qui m'ont fait croire que je serais rassasiée pour un temps. J'ai eu la naïveté de croire que ça me calmerait un peu. Mais non.

Ma boulimie de vie ne s'est pas apaisée. Elle s'est décuplée. Je voudrais ne faire que ça, mamie. Vivre des aventures uniques, et les partager avec des mots qui plient, retournent, et relèvent les lettres en même temps que les sens.

Alors, à mon retour en France, je n'ai plus su répondre aux « pourquoi tu te lèves aussi tôt ? ».

C'est comme ça. Je suis habitée par la vie, par un quelque chose de plus grand que moi, plus grand que tout, qui m'infuse de l'excitation en intraveineuse.

J'ai doucement repris ma vie d'avant, mais différemment. En commençant à fréquenter les ports, à me familiariser avec les noms de grands navigateurs, et à multiplier les occasions de sortir les voiles pour ancrer l'aventure dans mon quotidien.

Pourquoi tant d'envies mamie ? D'où me vient cet amour inébranlable pour l'existence ? Qu'est-ce qui maintient la flamme de ma joie aussi vive, alors que dehors tout se teinte de gris et de lassitude ? Peut-être une hypersensibilité exacerbée. Ou la volonté d'une lutte. Une lutte pour préserver l'émerveillement. Parce que si on perd ça, on perd tout, mamie. Je milite alors pour la joie. Il n'y a que ça de véritable.

Ta petite ressourcerie

Les trois musts à écouter :

Les conférences de Jean-Marc Jancovici ;

Le podcast « Sismique » ;

Le podcast « Métamorphose ».

Les trois musts à regarder :

La chronique de Félix Radu sur la RTBF – Carte Blanche « Allez viens » ;

Le documentaire *Derrière nos écrans de fumée* de Jeff Orlowski, 2020 ;

Le documentaire *En quête de sens* de Marc de la Ménardière et Nathanaël Coste, 2015.

Les quatre musts à lire :

Eckhart Tolle, *Nouvelle Terre : l'avènement de la conscience humaine*, Saint-Sauveur, Canada, Ariane Éditions, 2000 ;

Pablo Servigne et Raphaël Stevens, *Comment tout peut s'effondrer : petit manuel de collapsologie à l'usage des générations présentes*, Paris, Seuil, 2015 ;

Frédéric Lenoir, *Petit traité de vie intérieure*, Paris, Plon, 2010 ;

Anaïs Vanel, *Tout quitter*, Paris, Flammarion, 2019.

Remerciements

C'est le monde tout entier que j'ai envie de remercier. Et la vie surtout. Puis tous ceux qui rendent ce monde encore plus beau, et cette vie encore plus intense.

Comme Mathou, qui a fait craquer le parquet de la salle de danse en même temps que moi. Et qui est toujours là. Merci d'avoir relu mon livre à la dernière minute quand j'ai eu envie de tout froisser.

Comme Margaux, qui a rendu ce livre possible. Merci pour ce « Ne retiens rien, vide tout ».

Comme papa et maman, qui m'ont tout appris en me poussant très jeune vers l'indépendance. Merci d'avoir compris ma soif de liberté.

Comme Arthur, qui m'a prise sous son aile. Merci pour ta force, ta détermination, ton optimisme, ton tout.

Comme Anouk, qui a vu tôt en moi des choses que je n'osais pas voir. Merci de déjà savoir mon demain.

Comme Mathilde, qui me montre le chemin des émotions. Merci d'être d'un tel soutien.

Comme Brice, qui a compris le beurre de cacahuète. Merci de me comprendre tout entière.

Comme Rebecca, qui a compris que j'étais bizarre. Merci de partager cette bizarrerie.

Comme Emeline, qui me voit grandir et changer. Merci d'être toujours là.

Comme tous mes amis qui comprennent mon absence. Merci de comprendre les messages sans réponse, les silences. Et mes extraversions.

Comme les Grizeaux et les Moussier. Merci d'être ces familles qui sont devenues miennes.

Comme ma sœur et mon frère, qui sont des phares dans la nuit. Merci d'être vous.

Comme tous ceux qui ont cru en moi dès le début. Merci à Marc de la Ménardière, Rémy Buisine, Anaïs Vanel, Catherine Testa, Margaux Terrou…

Comme tous ceux qui ont bien voulu répondre à mon micro jaune. Merci pour votre confiance. Merci de m'avoir transformée.

Comme tous ces sourires volés, que j'attrape tous les jours.

Comme la nature, pour sa force partagée. Merci de m'émerveiller quotidiennement.

Comme Biarritz, devenue ma terre d'attache. Merci pour l'inspiration.

Comme toi, mamie, qui m'indique le chemin à suivre. Merci d'exister.

Comme Johan qui m'a fait confiance dans le noir pour s'élancer dans le vide. Merci de faire naître *Shimla* avec moi.

Les invité.e.s de Nouvel Œil cité.e.s dans ce livre

Pablo Servigne : premier invité de Nouvel Œil, Pablo Servigne est auteur et conférencier engagé sur les questions de transition écologique, d'agroécologie et de collapsologie.

Gilles Boeuf : invité 11 sur Nouvel Œil, Gilles Boeuf est un biologiste français. Il a été président du Muséum national d'histoire naturelle et enseigne à la Sorbonne et à Sciences Po Paris.

Léa @jenesuispasjoli : invitée 13 sur Nouvel Œil, Léa est entrepreneuse et créatrice de contenus. Elle est notamment la fondatrice de @cracotte.shop et @takekare.co, et l'animatrice du podcast « Salut, ça va ? ».

Tim Dup : invité 14 sur Nouvel Œil, Tim Dup est auteur-compositeur-interprète et musicien français.

Safia Ayad : invitée 16 sur Nouvel Œil, Safia Ayad est professeure de yoga. Elle accompagne de nombreuses femmes sur leur chemin de vie à travers divers enseignements et ateliers.

Jonathan Lehmann : invité 22 sur Nouvel Œil, Jonathan Lehmann est auteur et fondateur de la communauté « Les Antisèches du Bonheur ».

Félix Radu : invité 36 sur Nouvel Œil, Félix Radu est un auteur et comédien belge.

Frédéric Lenoir : invité 37 sur Nouvel Œil, Frédéric Lenoir est un sociologue, écrivain, journaliste et conférencier français.

Catherine Testa : invitée 40 et 100 sur Nouvel Œil, Catherine Testa est la fondatrice du média *L'Optimisme* et autrice.

Conrad : invité 44 sur Nouvel Œil, Conrad partage divers enseignements spirituels à travers des rencontres dans le monde entier.

Fabien Olicard : invité 46 sur Nouvel Œil, Fabien Olicard est mentaliste, artiste et vidéaste.

Philippe Gabilliet : invité 48 sur Nouvel Œil, Philippe Gabilliet est un inspirateur d'optimisme. Enseignant dans le supérieur, il est également auteur et conférencier.

Anouk Corolleur : invitée 49 et 113 sur Nouvel Œil, Anouk Corolleur est professeure de yoga et podcasteuse. Elle organise diverses retraites en France.

Flore Vasseur : invitée 51 sur Nouvel Œil, Flore Vasseur est une autrice et réalisatrice française.

Philippe Croizon : invité 53 sur Nouvel Œil, Philippe Croizon est un athlète qui multiplie les exploits sportifs depuis l'amputation de tous ses membres.

Mathilde Depaulis : invitée 56 sur Nouvel Œil, Mathilde Depaulis est psychologue, fondatrice de mouvement.

Anaïs Vanel : invitée 57 sur Nouvel Œil, Anaïs Vanel est une autrice française. Elle organise régulièrement des retraites d'écriture.

Maud Ankaoua : invitée 60 sur Nouvel Œil, Maud Ankaoua est une romancière et conférencière française.

Alexandre Jardin : invité 63 sur Nouvel Œil, Alexandre Jardin est un cinéaste et écrivain français.

Frédéric Lopez : invité 65 sur Nouvel Œil, Frédéric Lopez est un journaliste, animateur et producteur français.

Fanny Auger : invitée 66 sur Nouvel Œil, Fanny Auger est entrepreneuse, autrice, fondatrice de la School of Life.

André Brugiroux : invité 69 sur Nouvel Œil, André Brugiroux a voyagé toute sa vie et visité tous les pays et territoires du monde.

Paul Pyronnet : invité 73 sur Nouvel Œil, Paul Pyronnet est enseignant en PNL.

Yann Arthus-Bertrand : invité 74 sur Nouvel Œil, Yann Arthus-Bertrand est un photographe et réalisateur français, à l'origine de la Fondation GoodPlanet.

Charles Pépin : invité 75 sur Nouvel Œil, Charles Pépin est un auteur et philosophe français.

Arthur Auboeuf : invité 77 sur Nouvel Œil, Arthur Auboeuf a fondé « Time for the Planet » et entreprend pour la préservation de l'environnement.

Raphaël de Casabianca : invité 84 sur Nouvel Œil, Raphaël de Casabianca est un présentateur et réalisateur français. Il présente notamment l'émission *Rendez-vous en terre inconnue*.

Marc Levy : invité 85 sur Nouvel Œil, Marc Levy est un écrivain français à succès.

Marie Robert : invitée 89 sur Nouvel Œil, Marie Robert est philosophe, autrice et fondatrice d'écoles Montessori en France.

Lauren Bastide : invitée 90 sur Nouvel Œil, Lauren Bastide est la créatrice du podcast « La Poudre » et autrice.

Fabrice Midal : invité 97 sur Nouvel Œil, Fabrice Midal est philosophe, fondateur de l'École de la Méditation.

Bruno Patino : invité 98 sur Nouvel Œil, Bruno Patino est le président de Arte France.

Jean-Louis Étienne : invité 101 sur Nouvel Œil, Jean-Louis Étienne est un explorateur français.

Paloma Moritz : invitée 102 sur Nouvel Œil, Paloma Moritz est une journaliste engagée. Elle anime le pôle écologie de *Blast*.

Christophe André : invité 104 sur Nouvel Œil, Christophe André est un auteur et médecin psychiatre français.

Claudie Haigneré : invitée 105 sur Nouvel Œil, Claudie Haigneré est une spationaute et femme politique française.

Bertrand Piccard : invité 106 sur Nouvel Œil, Bertrand Piccard est explorateur et aéronaute.

Matthieu Ricard : invité 108 sur Nouvel Œil, Matthieu Ricard est un moine bouddhiste.

Christophe Cassou : invité 110 sur Nouvel Œil, Christophe Cassou est climatologue, directeur de recherche au CNRS.

Satish Kumar : invité 138 sur Nouvel Œil, Satish Kumar est un activiste indien.

Table des matières

www.monpoche.fr
livres@centrefrance.com

Imprimé en France par CPI
en mars 2025
Édition 01
N° d'impression : 2081835
Dépôt légal : avril 2025
ISBN : 978-2-3791-3172-1